Klassiker der guten Küche

Über 150 Rezepte für echten Genuss

ZABERT SANDMANN

Inhalt

Kräuter und Gewürze
Aromaküche vom Feinsten

Was wäre Insalata caprese ohne Basilikum, Kartoffelgratin ohne Muskatnuss, Lammkeule aus dem Ofen ohne Rosmarin oder Panna cotta ohne Vanille? Nur halb so gut! Denn Kräuter und Gewürze sind im wahrsten Sinne des Wortes das Salz in der Suppe. Sie verleihen dank ihrer Aromenvielfalt sowohl pikanten Gerichten als auch Süßspeisen das gewisse Etwas. Das wussten bereits unsere Mütter und Großmütter: Auch bei ihnen durften neben den Klassikern Salz und Pfeffer frische Kräuter wie Petersilie, Schnittlauch, Majoran und Dill oder Gewürze wie Muskatnuss, Wacholderbeeren oder Zimt in der Küche nicht fehlen. Auch Zwiebeln und Knoblauch gehörten damals wie heute zu den Gewürzbasics, die in jedem Haushalt zu finden waren und sind, auch wenn Erstere streng genommen zu den Gemüsen zählen. Und nicht zuletzt wurde so manches Gericht nur deshalb zum Klassiker, weil ihm erst ein bestimmtes Kraut oder Gewürz das unvergleichliche Aroma gab, das jeder mit ihm in Verbindung bringt. Kein Wunder also, dass der Trend ungebrochen ist, auf dem Balkon oder im Garten selbst Kräuter zu ziehen – denn wer hat nicht gern kräuterfrisches Aroma zum Pflücken direkt vor der Nase? Und wer die Würzvielfalt heimischer und exotischer Spezereien für sich entdeckt hat, wird sich darüber freuen, dass immer mehr Gewürzläden eröffnet werden.

1

ZWIEBELN (links) sind nach Tomaten das meistverzehrte Gemüse in Deutschland – und darüber hinaus für ihre antibakterielle Wirkung bekannt. Zu den Speisezwiebeln gehören rote Zwiebeln, Schalotten, Perlzwiebeln, Gemüsezwiebeln, Frühlingszwiebeln.

1 **WACHOLDERBEEREN** sind ideal zum Verfeinern von Wildgerichten und Sauerkraut. Die bittersüßen, leicht holzig schmeckenden Beeren verströmen ihr Aroma am besten, wenn sie erst kurz vor der Verwendung leicht angedrückt oder gemahlen werden.

2 **THYMIAN** fand schon in der Antike als Würz- und Heilpflanze Verwendung. Das Kraut verleiht Gerichten eine mediterrane Note und wirkt appetitanregend und krampflösend.

2

3

4

5

3 **ZIMT** kennt man als Stangen oder Pulver. Sein süß-holziges Aroma passt vor allem zu Süßspeisen und Kuchen, doch es verfeinert auch herzhafte Gerichte wie Currys.

4 **SALZ** unterstreicht und fördert den Eigengeschmack zahlreicher Lebensmittel und Speisen. Besonders beliebt bei Profiköchen ist Meersalz, das aus Meerwasser in Salzgärten gewonnen wird.

5 **MUSKATNUSS** entfaltet erst frisch gerieben ihr ganzes Aroma, das sich aber schnell verflüchtigt. Muskat wird nicht nur beim Backen von Lebkuchen etc. verwendet, sondern auch für Kartoffelgerichte, Gemüsesuppen und Kohlgemüse.

6 **BASILIKUM** ist *das* Würzkraut der italienischen Küche, auch wenn es ursprünglich aus Indien stammt. Seine Blätter verströmen ein intensiv würziges und pfeffriges Aroma.

6

7 **KNOBLAUCH** ist als Geschmacksträger in einer Vielzahl von Gerichten einfach unverzichtbar. Zu langes Braten mag er übrigens nicht – dann schmeckt der Knoblauch bitter.

7

DILL – auch Gurkenkraut genannt – ist ein feiner Aromageber für viele Salate, Saucen und Fischgerichte. Das Kraut ist geschmacklich Anis und Kümmel ähnlich.

KÜMMEL macht Deftiges bekömmlich und z. B. Kohlgerichte leichter verdaulich – auch wenn er gerade als Samen verwendet nicht jedermanns Geschmack ist.

PETERSILIE gilt als *das* Standardkraut in deutschen Küchen. Sie hat einen süßlich-würzigen Geschmack, der bei glatter Petersilie intensiver ist als bei krauser.

PFEFFER ist der ideale Würzpartner des Salzes. Je nach Sorte besitzt er eine milde bis sehr scharfe Würze. Am besten ist es, ganze Körner zu kaufen und frisch zu mahlen, denn gemahlener Pfeffer verliert schnell sein Aroma.

ROSMARIN ist *der* Klassiker unter den mediterranen Kräutern. Mit seinem kräftigen Aroma gilt er als der perfekte Begleiter für Lamm, Geflügel und Gemüse.

SCHNITTLAUCH gehört zu den beliebtesten Küchenkräutern. Die Halme eignen sich bestens zum Würzen von Suppen, Dips, Salaten und Eierspeisen oder auch einfach als Belag aufs Butterbrot.

VANILLE wird mit ihrer süßlichen Würze vor allem zum Veredeln von Backwaren und Süßem verwendet, gibt aber auch pikanten Speisen eine besondere Note.

Klassische Zutaten
Basis des guten Geschmacks

Jedes noch so raffinierte Rezept wird nur dann zu einem gelungenen Gericht, wenn die Qualität der Zutaten stimmt. Achten Sie beim Kauf daher auf absolute Frische – sowohl bei Salat, Gemüse und Obst als auch bei Fleisch und Fisch. Idealerweise sollten Sie zu Lebensmitteln aus biologischem Anbau bzw. biologischer Aufzucht und saisonalen Produkten aus der Region greifen. Damit die gute Qualität auch nach dem Kauf erhalten bleibt, sollten Sie die Lebensmittel sachgerecht aufbewahren: d.h. die meisten Gemüsesorten, Salat, Fleisch, Fisch und Milchprodukte in den dafür vorgesehenen Fächern des Kühlschranks, Obst – bis auf wenige Ausnahmen – bei Zimmertemperatur und Kartoffeln an einem dunklen Ort. Lebensmittel wie Nudeln, Reis, Dosentomaten oder eingelegtes Gemüse hingegen lassen sich prima lagern und eignen sich so bestens für die Vorratshaltung. Zahlreiche Nahrungsmittel sind inzwischen richtige Klassiker geworden und haben ihren festen Platz in der guten Küche: Entweder weil sie durch ihr einzigartiges Aroma vielen Gerichten erst eine besondere Note verleihen (wie z.B. Beeren oder Tomaten). Oder weil sie sich so abwechslungsreich zubereiten lassen, dass sie sowohl als Beilage, Salat oder Hauptgericht wunderbar in Frage kommen (wie z.B. Kartoffeln oder Nudeln).

1

TOMATEN (links) haben, wenn sie unter südlicher Sonne gereift sind, ein besonders intensives Aroma. Leicht süßlich schmecken die kleinen Cocktailtomaten, die an der Rispe relativ lange frisch bleiben. Tomaten sollten Sie nie im Kühlschrank lagern, die Kälte schadet ihrem Geschmack.

1 **KÄSE** gibt es in unzähligen Varianten: als Frisch-, Weich- oder Hartkäse, aus Kuh-, Ziegen- oder Schafsmilch, mit Weiß-, Rot- oder Blauschimmelkulturen versetzt. Je nach Sorte eignet er sich zum Überbacken, als Vorspeise oder Dessert.

2 **ÄPFEL**, das Lieblingsobst der Deutschen, sind dank ihrer feinen Säure die ideale Zutat für saftige Kuchen, Desserts oder Kompott.

2

3

4

5

3 **SPECK** und Schinken sind in der deftigen Küche – besonders in Eintöpfen – unverzichtbare Geschmacksgeber.

4 **EIER** kann man kochen, braten und pochieren. Sie machen Desserts luftig leicht und sorgen vor allem beim Backen für die nötige Bindung. Generell sollten Sie darauf achten, so frische Eier wie möglich zu verwenden.

5 **FLEISCH** ist die Hauptzutat vieler Küchenklassiker – und oft besser als sein Ruf: Es liefert reichlich wertvolles Eiweiß und Eisen, und wenn man zu fettarmen Stücken greift, tut man sogar seiner Figur einen Gefallen.

6 **KARTOFFELN** sind nicht gleich Kartoffeln: Sie unterscheiden sich in Form, Farbe, Größe, Geschmack und Stärkeanteil. Für Püree und Knödel eignen sich mehlig kochende Sorten, für Salat und Bratkartoffeln festkochende und für Gratins und Pommes vorwiegend festkochende Sorten.

6

7 **FISCH** überzeugt durch meist fettarmes Fleisch sowie zahlreiche Zubereitungsarten: Man kann ihn dünsten, braten, grillen und frittieren. Frischer Fisch darf nicht »fischig« riechen.

7

BEEREN vereinen erfrischende Säure und fruchtige Süße und sind deshalb perfekt für Desserts und Kuchen. Frisch geerntet sind sie unvergleichlich gut, außerhalb der Beerensaison eignet sich aber auch Tiefkühlware.

BLATTSALATE sind sättigende Fitmacher und daher Hauptbestandteil vieler Salatrezepte. Aromatischen, vitaminreichen Salat erkennt man an seinem frischen Geruch und knackigen Blättern.

MÖHREN – auch Karotten genannt – bereichern sowohl roh als auch gegart den Speiseplan. Und ganz nebenbei leisten sie einen großen Dienst für unsere Gesundheit: Das in den Möhren enthaltene Betacarotin ist ein hervorragender Zellschutz und stärkt die Sehkraft.

NUDELN sind heutzutage aus der Küche nicht mehr wegzudenken – mehr als 300 Pastasorten gibt es allein in Italien. Da kommt schnell die Frage auf: Welche Sorte passt wozu? Generell gilt: Je zarter die Nudel, desto leichter und feiner sollte die Sauce sein. Universalnudeln sind Spaghetti und Linguine: Sie harmonieren mit fast allen Saucen.

REIS gehört in Asien zu den Grundnahrungsmitteln, aber auch europäische Küchenklassiker wie Risotto würde es ohne ihn nicht geben. In Deutschland sind etwa 20 Reissorten erhältlich, die sich in Form und Kocheigenschaft unterscheiden.

Step by Step
Wichtige Küchentechniken

Gut zu kochen ist einfacher, als so mancher glaubt – und viele Gerichte haben sich erst deshalb zu Küchenklassikern entwickelt, weil sie nicht nur köstlich schmecken, sondern auch relativ einfach in der Zubereitung sind. Die Rezepte wurden meist mündlich von Generation zu Generation weitergegeben, denn unsere Großmütter und Mütter brauchten fast keine Anleitungen zum Kochen. Sie beherrsch(t)en die grundlegenden Zubereitungsarten der guten Küche noch quasi aus dem Handgelenk. In Zeiten von Fast Food und Convenience dagegen sind diese Techniken bei vielen verloren gegangen. Warum sollte man sich auch die Mühe machen, einen Braten zu schmoren oder eine Brühe selbst zu kochen, wenn man auf Fertiggerichte oder Pulver zurückgreifen kann? Weil es eben doch am besten schmeckt, wenn man frische Zutaten verwendet und Sorgfalt auf die Zubereitung legt! Auch bei den Klassikern der guten Küche ist Qualität das A und O. Und wenn es mal ein bisschen länger dauert, ist das für Ihre Gäste doch der schönste Beweis dafür, wie viel sie Ihnen wert sind.

Garmethoden – richtig gegart wird's zart

1 Beim Dämpfen im Bastkorb, Metallsiebeinsatz oder Schnellkochtopf garen Gemüse und Fisch besonders schonend.

2 Gedünstet werden Gemüse, Fleisch und Fisch im eigenen Saft. Gelingt auch im Römertopf, in Aluminium- oder Pergamentpäckchen.

3 Beim Blanchieren wird Gemüse nur kurz in kochendem (Salz-)Wasser gegart. Sofort mit kaltem Wasser abschrecken – das erhält Biss und Farbe.

4 Grillen kann man auf Holzkohle, dem Elektrogrill, in der Grillpfanne oder im Backofen. Rösten bringt Geschmack, und das nahezu fettfrei.

5 Beim Braten entstehen aromatische Röststoffe. Damit Fleisch oder Fisch zart werden, zunächst scharf anbraten, dann bei mittlerer Temperatur schonend fertig braten.

6 Beim Schmoren im Ofen muss das Fleisch unbedingt regelmäßig mit der Bratenflüssigkeit begossen werden, damit es vor dem Austrocknen geschützt ist.

Rindfleischbrühe zubereiten

1 Für Rinderbrühe 300 g Rindfleisch, 200 g Suppenknochen, 1 geschälte, halbierte Zwiebel, 1 Bund klein geschnittenes Suppengemüse mit 1 l Wasser in einen Topf geben.

2 Alles langsam zum Kochen bringen und 1 Lorbeerblatt und 1 TL Pfefferkörner dazugeben. Bei schwacher Hitze 2 Stunden garen. Das Fleisch herausnehmen.

3 Ein Sieb mit einem sauberen Küchentuch auslegen und die Bühe durch das Sieb gießen.

4 Die Brühe abkühlen lassen. Das erstarrte Fett mit dem Schaumlöffel abnehmen. Die Brühe als Grundlage für klare Suppen oder Eintöpfe verwenden.

Paprikaschoten vorbereiten

1 Die Paprikaschote längs halbieren. Den Stielansatz, die Kerne und die weißen Innenwände entfernen.

2 Die Schotenhälften waschen, mit Küchenpapier trocken tupfen und je nach Rezept in Viertel, Streifen oder Würfel schneiden.

Garnelen schälen

1 Die Garnelen an Kopf und Schwanz fassen und mit einer Drehbewegung den Kopf vom Schwanz trennen.

2 Die Schale zusammendrücken. Die Unterseite des Panzers mit beiden Händen auseinanderbrechen und das Garnelenfleisch auslösen.

3 Die Garnelen mit einem kleinen Messer am Rücken so tief einschneiden, bis der schwarze Darm sichtbar ist.

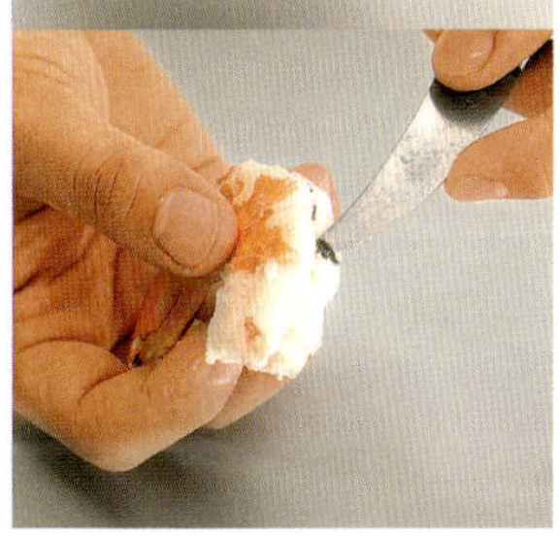

4 Den schwarzen Darm vorsichtig herauslösen. Die Garnelen waschen und trocken tupfen.

Beilagen und Süßes – so gelingt's

Semmelknödel zubereiten

1 500 g altbackene Brötchen in Würfel schneiden und in 375 ml lauwarmer Milch einweichen.

2 100 g durchwachsenen Räucherspeck in Würfel schneiden und in einer Pfanne anbraten. 1 Zwiebel schälen, in Würfel schneiden, dazugeben und andünsten.

3 Speck- und Zwiebelwürfel auf Küchenpapier abtropfen lassen. (Durch zu viel Fett könnten die Knödel zerfallen.)

4 2 Eier, 2 EL gehackte Petersilie oder Schnittlauchröllchen sowie die Speck- und Zwiebelwürfel zur Knödelmasse geben.

5 Die Masse mit den Händen verkneten und mit Salz und Pfeffer würzen. 20 Minuten ruhen lassen. Aus der Masse mit angefeuchteten Händen Knödel formen.

6 Etwa 4 l Wasser mit Salz in einem großen Topf erhitzen. Die Knödel im heißen, nicht kochenden Wasser 15 bis 20 Minuten gar ziehen lassen.

Risotto kochen

1 Zwiebel- und Knoblauchwürfel in Fett andünsten. Den Reis dazugeben und unter Rühren glasig dünsten.

2 Den Reis mit Wein, Fond oder Brühe ablöschen und unter Rühren kochen lassen, bis die Flüssigkeit fast vollständig eingekocht ist.

3 Unter häufigem Rühren immer wieder etwas Flüssigkeit angießen und bei schwacher Hitze einkochen lassen.

4 Wenn die Reiskörner weich sind, aber noch Biss haben, ist der Risotto fertig. Besonders cremig wird er mit etwas Butter und Parmesan.

Zitronensorbet zubereiten

1 Den Saft und die abgeriebene Schale von 3 unbehandelten Zitronen mit 350 ml Wasser und 250 g Zucker in einem Topf sirupartig einkochen lassen.

2 Den Zitronensirup durch ein Sieb in eine flache Metallschüssel gießen. Die Fruchtmasse zugedeckt 4 Stunden in das Tiefkühlfach stellen.

3 Damit das Zitronensorbet schön locker wird, die Fruchtmasse jede Stunde mit einem Kochlöffel oder einer Gabel durchrühren.

4 Das fast durchgefrorene Sorbet im Blitzhacker cremig mixen und 1 weitere Stunde tiefkühlen. Zum Servieren mit einem Löffel Kugeln oder Nocken daraus formen.

Erdbeermark zubereiten

1 500 g Erdbeeren waschen, putzen und in kleine Stücke schneiden. Mit 4 bis 5 EL Zucker in einer Schüssel mischen und etwas Zitronensaft darüberträufeln.

2 Die Erdbeeren mit dem Stabmixer fein pürieren und mit einem Gummispatel durch ein Sieb in eine Schüssel streichen. Passt z.B. zu Käsekuchen oder Cremedesserts.

Gut zu wissen

Zu den Klassikern unter den Beilagen zählen Kartoffeln, Nudeln und Reis. Sie alle haben den Vorteil, dass man sie wunderbar kochen kann, während der Braten im Ofen schmort, das Schnitzel in der Pfanne brutzelt oder der Fisch in der Folie gart. Etwas aufwändiger zuzubereiten sind Beilagen wie Semmelknödel und Kartoffelklöße. Doch diese lassen sich bestens vorbereiten und sogar tiefkühlen, sodass man sie kurz vor dem Essen nur noch in heißem Wasser erwärmen muss.

Sie planen ein Essen oder sogar Menü für mehrere Personen? Dann sollten Sie sich ausreichend Zeit für die Zubereitung nehmen. Sie können z.B. viele Suppen bereits am Vortag garen. Auch die meisten Desserts lassen sich perfekt einige Stunden oder am Tag vorher zubereiten. So können Sie dann am Tag der Einladung ohne zeitlichen Druck ans Kochen gehen und sich umso entspannter Ihren Gästen widmen.

Die Zusammenstellung eines Menüs will wohl überlegt sein: Soll es als Hauptgang einen üppigen Braten geben, serviert man seinen Gästen eher eine klare Suppe oder einen Salat vorneweg und ein leichtes Joghurt- oder Fruchtdessert als süßes Finale. Bei einem leichten Fischgang hingegen darf es dann als krönender Abschluss ruhig ein Tiramisu sein.

Salate & Vorspeisen

Rucolasalat
mit Entenbrust

Außen kross und innen saftig: Das beste Stück von der Ente wird mit aromatischen Tomaten und nussigem Rucola ein Fest für Schlemmer

Zutaten

400 g Entenbrustfilet
Salz · Pfeffer aus der Mühle
240 g Rucola
250 g Cocktailtomaten
1 Knoblauchzehe
3 EL Aceto balsamico
Zucker
3 EL Olivenöl
40 g Parmesan (am Stück)

Zubereitung

FÜR 4 PERSONEN

1 Die Entenbrust waschen und mit Küchenpapier trocken tupfen. Die weiße Haut der Entenbrust rautenförmig einschneiden und mit Salz und Pfeffer würzen. Eine beschichtete Pfanne ohne Fett heiß werden lassen. Die Entenbrust mit der Hautseite nach unten in die Pfanne legen und bei schwacher bis mittlerer Hitze 15 Minuten braten. Anschließend wenden und weitere 5 Minuten braten.

2 Den Rucola verlesen, waschen und trocken schleudern. Grobe Stiele entfernen und die Blätter nach Belieben in mundgerechte Stücke zupfen. Die Cocktailtomaten waschen und vierteln. Den Knoblauch schälen und in feine Würfel schneiden.

3 Für die Vinaigrette den Essig mit 1 EL ausgetretenem Entenfett, Salz, Pfeffer und Zucker verrühren. Nach und nach das Olivenöl unterschlagen und den Knoblauch dazugeben.

4 Die Entenbrust schräg in dünne Scheiben schneiden und mit dem Rucola und den Cocktailtomaten auf Tellern anrichten. Den Salat mit der Vinaigrette beträufeln. Den Parmesan mit dem Sparschäler in feinen Spänen darüberhobeln. Nach Belieben mit frischem Weißbrot servieren.

Tipp

Für die Vinaigrette 1 EL Olivenöl durch 1 EL Kürbiskernöl ersetzen – das gibt ein feines Nussaroma. Nach Belieben 2 EL Kürbiskerne in einer Pfanne ohne Fett anrösten und über den Salat streuen.

Geflügelsalat
mit Chicorée

Zutaten

300 g Putenbrustfilet

1–2 EL Öl

Salz · Pfeffer aus der Mühle

4 EL Zitronensaft

Paprikapulver (edelsüß)

4 Stauden Chicorée

4 Orangen

Zubereitung

FÜR 4 PERSONEN

1 Die Putenbrust waschen, trocken tupfen und in kleine Würfel schneiden. Das Öl in einer Pfanne erhitzen, die Putenwürfel darin 5 Minuten goldbraun braten und mit Salz und Pfeffer würzen.

2 Für die Marinade den Zitronensaft mit Salz, Pfeffer und 1 Prise Paprikapulver gut verrühren. Die Putenbrust mit der Marinade beträufeln und 15 Minuten ziehen lassen.

3 Den Chicorée putzen und in reichlich kaltem Wasser gründlich waschen. Die äußeren Blätter ablösen und auf Tellern oder in Schälchen anrichten. Den inneren Teil der Stauden in Scheiben schneiden.

4 Die Orangen mit einem scharfen Messer so großzügig schälen, dass auch die weiße Haut mit entfernt wird. Die Fruchtfilets aus den Trennhäuten herauslösen.

5 Die Putenbrust mit den Chicoréescheiben und den Orangenfilets mischen. Mit Salz, Pfeffer und Paprika würzen und auf den Chicoréeblättern anrichten.

Spargelsalat
mit Roastbeef

Zutaten

1,2 kg weißer Spargel · Salz
1 EL Butter
3 EL Zitronensaft
1 TL Zucker
1 Bund Radieschen
1 grünschaliger Apfel
(z.B. Granny Smith)
1 Bund Frühlingszwiebeln
2 EL Obstessig
1 EL Senf · 1 TL Apfeldicksaft
Pfeffer aus der Mühle
6 EL Öl · 1 Bund Schnittlauch
250 g Roastbeef (in Scheiben)
1 EL Kürbiskernöl

Zubereitung

FÜR 4 PERSONEN

1 Den Spargel schälen und die holzigen Enden abschneiden. Die Spargelstangen in einem Topf in reichlich kochendem Salzwasser mit Butter, 1 EL Zitronensaft und Zucker 15 bis 18 Minuten garen. In ein Sieb abgießen, kalt abschrecken, abtropfen und etwas abkühlen lassen.

2 Die Radieschen putzen, waschen und längs vierteln. Den Apfel waschen, vierteln und das Kerngehäuse entfernen, die Apfelviertel in dünne Spalten schneiden. Die Frühlingszwiebeln putzen, waschen und in feine Ringe schneiden.

3 Für die Vinaigrette den restlichen Zitronensaft mit Essig, Senf, Apfeldicksaft, Salz und Pfeffer verrühren. Nach und nach das Öl unterschlagen und nochmals abschmecken. Den Schnittlauch waschen und trocken schütteln.

4 Den Spargel schräg halbieren und mit Radieschen, Apfelspalten, Frühlingszwiebeln und Roastbeef auf Tellern oder in Schälchen anrichten. Den Salat mit der Vinaigrette und dem Kürbiskernöl beträufeln und mit den Schnittlauchhalmen und nach Belieben mit Frühlingszwiebelblättern garnieren.

Fenchelsalat
mit Orangen

Zwei, die sich mögen: Der feine Fenchel mit Anisgeschmack und die süßsäuerlichen Orangen bringen südliches Flair auf den Tisch

Zutaten

4 Orangen
2 kleine Fenchelknollen
2 kleine Stangen Staudensellerie
2 Frühlingszwiebeln
4–5 EL Olivenöl
Salz · Pfeffer aus der Mühle

Zubereitung

FÜR 4 PERSONEN

1 Die Orangen mit einem scharfen Messer so großzügig schälen, dass auch die weiße Haut mit entfernt wird. Die Fruchtfilets aus den Trennhäuten herauslösen und nach Belieben noch halbieren. Austretenden Saft auffangen.

2 Den Fenchel putzen, waschen und auf dem Gemüsehobel in sehr feine Ringe hobeln. Den Sellerie und die Frühligszwiebeln putzen, waschen und in Scheiben bzw. feine Ringe schneiden.

3 Die Orangenstücke mit dem Fenchel, dem Sellerie und den Frühlingszwiebeln in eine Schüssel geben. Das Olivenöl mit dem aufgefangenen Orangensaft, Salz und Pfeffer verrühren und gründlich unterrühren. Den Salat zum Servieren in Schälchen anrichten und Pfeffer grob darübermahlen.

Tipp

Sie können den Salat noch mit gerösteten Mandelblättchen oder Haselnüssen bestreuen. Sehr gut passt auch Ziegenfrischkäse dazu, der zum Schluss darüber verteilt wird.

Sauerkraut-Möhren-Salat
mit Petersilie und Nüssen

Ein Kraftpaket aus Großmutters Küche: Dieser Rohkostsalat mit knackigen Nüssen spendet im Nu jede Menge Vitamine und Energie

Zutaten

300 g frisches Sauerkraut
400 g Möhren
30 g Haselnusskerne
½ Bund Petersilie
150 g saure Sahne
1 TL Zucker
Salz · Pfeffer aus der Mühle
2 EL Öl

Zubereitung

FÜR 4 PERSONEN

1 Das Sauerkraut mit einer Gabel etwas auflockern und nach Belieben in mundgerechte Stücke schneiden. Die Möhren putzen, schälen und auf der Gemüsereibe grob raspeln.

2 Die Haselnüsse fein hacken. Die Petersilie waschen und trocken schütteln. Die Blätter abzupfen, einige Blätter für die Deko beiseitelegen und den Rest fein hacken.

3 Für das Dressing die saure Sahne mit dem Zucker, der Hälfte der Haselnüsse, Salz und Pfeffer verrühren, dann das Öl unterschlagen. Das Dressing nochmals abschmecken und zum Schluss die gehackte Petersilie unterrühren.

4 Das Sauerkraut und die Möhren in einer Schüssel mit dem Dressing mischen. Den Salat auf Tellern oder in Schälchen anrichten und mit den restlichen Nüssen bestreuen. Mit den Petersilienblättern garniert servieren.

Tipp

Vor allem im Winter ist Sauerkraut ein wertvoller Vitaminlieferant. Das Kraut sollte vor der Zubereitung nicht gewaschen werden – dadurch bleiben alle Geschmacksstoffe und die Vitamine erhalten.

Endiviensalat

mit Äpfeln und Speck

Zutaten

1 Endiviensalat

2 Zwiebeln

3 rotschalige Äpfel

(z. B. Braeburn)

1 EL Zitronensaft

150 g geräucherter Speck

3 EL Weißweinessig

$^1/_8$ l Gemüsebrühe

1 TL scharfer Senf

Salz · Pfeffer aus der Mühle

2 EL Öl

$^1/_2$ Bund Majoran

Zubereitung

FÜR 4 PERSONEN

1 Den Endiviensalat putzen, in reichlich kaltem Wasser gründlich waschen, trocken schleudern und in mundgerechte Stücke zupfen.

2 Die Zwiebeln schälen und in feine Würfel schneiden. Die Äpfel waschen, vierteln und die Kerngehäuse entfernen. Die Apfelviertel in dünne Spalten schneiden, mit Zitronensaft beträufeln.

3 Den Speck in Würfel schneiden und in einer beschichteten Pfanne ohne Fett knusprig braten. Die Zwiebeln dazugeben und etwa 3 Minuten mitbraten. Anschließend herausnehmen und die Apfelspalten zur Speck-Zwiebel-Mischung geben.

4 Für die Vinaigrette den Essig mit der Brühe, Senf, Salz und Pfeffer verrühren, nach und nach das Öl unterschlagen. Den Majoran waschen und trocken schütteln, die Blättchen abzupfen und unterrühren.

5 Den Salat mit der Apfel-Speck-Mischung und der Vinaigrette mischen und nochmals abschmecken. Nach Belieben mit Majoranzweigen garniert servieren.

Caesar-Salat
mit Knoblauchbaguette

Zutaten

8–12 kleine Scheiben Baguette
2–3 Knoblauchzehen · 6 EL Öl
1 großer Romanasalat
(ca. 500 g)
3–4 EL Zitronensaft
1 TL Dijon-Senf · Zucker
1 EL gemahlene Mandeln
Salz · Pfeffer aus der Mühle
6 EL Olivenöl
4 EL Sahne
40 g Parmesan (am Stück)

Zubereitung

FÜR 4 PERSONEN

1 Die Baguettescheiben nach Belieben entrinden. Den Knoblauch schälen und in feine Würfel schneiden. Das Öl in einer großen Pfanne erhitzen und den Knoblauch darin anbraten, die Brotscheiben dazugeben und auf beiden Seiten goldbraun rösten.

2 Den Romanasalat putzen, in reichlich kaltem Wasser gründlich waschen und trocken schleudern. Die Blätter nach Belieben in mundgerechte Streifen schneiden.

3 Für das Dressing den Zitronensaft mit dem Senf, 1 Prise Zucker, den Mandeln, Salz und Pfeffer verrühren, nach und nach das Olivenöl unterschlagen. Zum Schluss die Sahne unterrühren und das Dressing nochmals abschmecken.

4 Den Salat auf Tellern oder in Schälchen anrichten und das Dressing darüber verteilen. Den Parmesan mit dem Sparschäler in groben Spänen über den Salat hobeln. Den Caesar-Salat mit dem gerösteten Knoblauchbaguette servieren.

Bauernsalat
mit Schafskäse

Farbenfroh und sommerlich: Knackige Zutaten machen diesen Salat zu einem leichten Imbiss, wie ihn nicht nur die Griechen lieben

Zutaten

1 Salatgurke
4 Tomaten
2 weiße Zwiebeln
4 milde Peperoni (grün und rot)
200 g Schafskäse (Feta)
4 EL Weißweinessig
Salz · Pfeffer aus der Mühle
6 EL Olivenöl
100 g schwarze Oliven
einige Basilikumblätter

Zubereitung

FÜR 4 PERSONEN

1 Die Gurke waschen und die Enden abschneiden. Die Gurke in kleine Stücke schneiden. Die Tomaten waschen und in Scheiben schneiden, dabei die Stielansätze entfernen. Die Zwiebeln schälen und in dünne Ringe schneiden. Die Peperoni putzen, waschen und in dünne Ringe schneiden. Den Schafskäse zerbröckeln.

2 Für die Vinaigrette Essig, Salz und Pfeffer mit dem Schneebesen in einer kleinen Schüssel verrühren. Das Olivenöl nach und nach unterschlagen.

3 Gurkenstücke und Tomatenscheiben sowie die Zwiebel- und Peperoniringe auf Tellern dekorativ anrichten. Die Oliven darüber verteilen. Die Vinaigrette über den Salat träufeln und den Schafskäse darauf verteilen. Das Basilikum waschen, trocken tupfen und den Salat damit garnieren. Mit Sesambrot oder Weißbrot servieren.

Tipp

Rote und/oder grüne Paprikaschoten passen ebenfalls sehr gut in den Bauernsalat. Dann sollte man allerdings weniger Peperoni nehmen oder ganz auf sie verzichten.

Panzanella

mit Tomaten und Ciabatta

Ganz schön raffiniert: In der Toskana wird das Weißbrot nicht extra zum Salat serviert, sondern kommt gleich mit hinein

Zutaten

je einige Basilikum- und Rucolablätter
1 rote Zwiebel
2 Knoblauchzehen
Saft von 1/2 Zitrone
1/2 TL Senf
5 EL Olivenöl
Salz · Pfeffer aus der Mühle
ca. 150–200 g Ciabatta-Brot
3–4 Tomaten

Zubereitung

FÜR 2 PERSONEN

1 Basilikum und Rucola verlesen, waschen und trocken schütteln. Die Kräuter, falls nötig, klein schneiden. Den Backofen auf 220 °C vorheizen.

2 Die Zwiebel und den Knoblauch schälen, die Zwiebel in dünne Spalten schneiden. Den Zitronensaft mit Senf und 4 EL Olivenöl verrühren. Mit Salz und Pfeffer würzen und 1 Knoblauchzehe durch die Presse dazudrücken.

3 Das Brot in mundgerechte Würfel schneiden, auf ein Backblech legen und im Backofen etwa 5 Minuten rösten. Herausnehmen und beiseitelegen.

4 Die Tomaten waschen, die Stielansätze entfernen und die Tomaten in grobe Stücke schneiden.

5 Das restliche Olivenöl in einer Pfanne erhitzen, die restliche Knoblauchzehe durch die Presse dazudrücken, die Brotwürfel hinzufügen und 1 bis 2 Minuten rösten. Mit Salz und Pfeffer würzen und die Brotwürfel aus der Pfanne nehmen.

6 Tomaten, Zwiebel, Rucola und Brot in einer Schüssel mischen, die Salatsauce unterrühren und den Brotsalat mit dem Basilikum garniert servieren.

Tipp

Panzanella ist ein italienischer Brotsalat aus der Toskana. Sie können den Salat noch mit Kapern, Gurken oder Paprika variieren. Mit Minze erhält er eine erfrischende Note.

Nudelsalat
mit Schafskäse

Zutaten

350 g Penne · Salz

5 EL Olivenöl

3 EL Weißweinessig

3 EL Orangensaft

2 Knoblauchzehen

75 g eingelegte Peperoni

2 Sardellenfilets (in Öl)

Pfeffer aus der Mühle

1 Msp. Kreuzkümmel

je 60 g schwarze und grüne Oliven (ohne Stein)

1 rote Paprikaschote

200 g Schafskäse (Feta)

1 Bund Petersilie

Zubereitung

FÜR 4 PERSONEN

1 Die Nudeln nach Packungsanweisung in reichlich kochendem Salzwasser bissfest garen.

2 Inzwischen für die Marinade Olivenöl, Essig und Orangensaft in einer kleinen Schüssel verrühren. Den Knoblauch schälen und durch die Presse dazudrücken.

3 Peperoni in ein Sieb abgießen und abtropfen lassen. Sardellenfilets und 1 Peperoni fein hacken und unter die Marinade rühren. Marinade mit Salz, Pfeffer und Kreuzkümmel würzen.

4 Die Oliven in ein Sieb abgießen und abtropfen lassen. Die Paprikaschote längs halbieren, entkernen, waschen und in kleine Würfel schneiden. Den Feta in Würfel schneiden oder zerbröckeln. Die Petersilie waschen und trocken schütteln, die Blätter abzupfen und fein hacken.

5 Die Penne abgießen, abtropfen lassen und noch heiß in einer Schüssel mit der Marinade mischen. Oliven, restliche Peperoni, Paprika und Feta unter die Penne mischen und mit der gehackten Petersilie bestreut servieren.

Kartoffelsalat
mit Radieschen und Speck

Zutaten

1 1/2 kg kleine festkochende
Kartoffeln · Salz
150 g Frühstücksspeck (Bacon)
1 EL Butter
200 ml Gemüsebrühe
6 EL Apfelessig
1 TL Honig · 2 EL Dijon-Senf
Pfeffer aus der Mühle
100 ml Olivenöl
2 Zwiebeln
2 Bund Radieschen
10 kleine Gewürzgurken
1 Bund Schnittlauch

Zubereitung

FÜR 8 PERSONEN

1 Die Kartoffeln gründlich waschen und in Salzwasser etwa 20 Minuten garen. Die Kartoffeln abgießen, ausdampfen lassen, pellen und in etwa 3 mm dicke Scheiben schneiden.

2 Den Speck in kleine Würfel schneiden. In einer Pfanne die Butter erhitzen und die Speckwürfel darin knusprig braten. Die Speckwürfel in einer Schüssel mit den Kartoffelscheiben mischen. Die Brühe erhitzen und über die Kartoffeln gießen, die Kartoffelscheiben 5 Minuten durchziehen lassen.

3 Für die Vinaigrette den Essig mit dem Honig, dem Senf, Salz und Pfeffer verrühren. Nach und nach das Öl unterschlagen. Die Zwiebeln schälen, in feine Würfel schneiden und unterrühren. Die Kartoffelscheiben mit der Vinaigrette mischen.

4 Die Radieschen putzen und waschen. Ebenso wie die Gewürzgurken in dünne Scheiben schneiden und beides unter den Salat heben. Den Schnittlauch waschen, trocken schütteln und in Röllchen schneiden. Den Salat mit den Schnittlauchröllchen bestreuen, nach Belieben mit einigen Schnittlauchhalmen garnieren.

Wurstsalat
mit Käse und Paprika

Einfach unschlagbar: Wer seine Gäste satt und glücklich machen möchte, liegt mit diesem rustikalen Salat immer richtig

Zutaten

600 g Fleischwurst
600 g Emmentaler (in Scheiben)
2 Gewürzgurken
2 rote Paprikaschoten
1 Bund Frühlingszwiebeln
150 g Mayonnaise
200 g saure Sahne
100 ml Gewürzgurkensud
4 EL mittelscharfer Senf
3 EL Worcestersauce
Salz · Pfeffer aus der Mühle
4 hart gekochte Eier

Zubereitung

FÜR 8 PERSONEN

1 Die Fleischwurst häuten, zuerst in dünne Scheiben, dann in Streifen schneiden. Den Emmentaler gegebenenfalls entrinden und ebenfalls in dünne Streifen schneiden. Die Gewürzgurken in feine Scheiben schneiden.

2 Die Paprikaschoten längs halbieren, entkernen und waschen, die Paprikahälften in dünne Streifen schneiden. Die Frühlingszwiebeln putzen, waschen und in Streifen schneiden.

3 Für die Marinade Mayonnaise, saure Sahne, Gewürzgurkensud, Senf und Worcestersauce in einer kleinen Schüssel mit dem Schneebesen verrühren. Die Marinade mit Salz und Pfeffer abschmecken.

4 Die Salatzutaten in einer Schüssel mit der Marinade mischen. Den Salat im Kühlschrank etwa 30 Minuten durchziehen lassen.

5 Kurz vor dem Servieren die Eier pellen und längs vierteln. Den Wurstsalat mit den Eiervierteln garniert servieren.

Tipp

Zum Wurstsalat schmecken Kümmel-Salzstangen oder Laugenbrezen. Besonders dekorativ ist Partygebäck im Mini-Format, das man beim Bäcker vorbestellen kann.

Waldorfsalat

mit Walnüssen

Zutaten

2 säuerliche Äpfel
(z. B. Boskop)
250 g Knollensellerie
Saft von 1 Zitrone
100 g Sahne
3 EL Mayonnaise
Salz · Pfeffer aus der Mühle
Zucker
125 g Walnusskernhälften
einige schöne Salatblätter

Zubereitung

FÜR 4 PERSONEN

1 Die Äpfel schälen, vierteln und die Kerngehäuse entfernen. Den Sellerie putzen, schälen und mit den Apfelvierteln auf der Gemüsereibe grob raspeln oder in feine Stifte schneiden. Sofort mit Zitronensaft beträufeln.

2 Für das Dressing die Sahne in einer Schüssel halb steif schlagen. Nach und nach die Mayonnaise unterrühren und so lange rühren, bis eine glatte, cremige Sauce entstanden ist. Das Dressing mit Salz, Pfeffer und Zucker abschmecken.

3 Von den Walnüssen einige schöne Hälften für die Deko beiseitelegen, den Rest hacken. Das Dressing mit den Äpfeln, dem Sellerie und den gehackten Nüssen mischen.

4 Die Salatblätter putzen, in reichlich kaltem Wasser gründlich waschen und trocken schütteln. Nach Belieben in mundgerechte Stücke zupfen und auf Teller verteilen.

5 Den Waldorfsalat auf den Salatblättern anrichten, mit den beiseitegelegten Walnusshälften und nach Belieben mit Orangenzesten garniert servieren.

Weißer Bohnensalat

mit Lauch und Kerbel

Zutaten

1 Stange Lauch · Salz
600 g dicke weiße Bohnen (tiefgekühlt)
1 TL ganzer Kümmel
2 EL Weißweinessig
Pfeffer aus der Mühle
4 EL Olivenöl
2 Knoblauchzehen
2 Stiele Kerbel

Zubereitung

FÜR 4 PERSONEN

1 Den Lauch putzen, waschen und in Ringe schneiden. Reichlich Salzwasser zum Kochen bringen und die Bohnen darin unaufgetaut aufkochen lassen. Den Lauch und den Kümmel dazugeben und etwa 8 Minuten garen. In ein Sieb abgießen und gut abtropfen lassen.

2 Für die Vinaigrette den Essig mit Salz und Pfeffer verrühren, nach und nach das Olivenöl unterschlagen. Den Knoblauch schälen und durch die Presse dazudrücken.

3 Den Kerbel waschen und trocken schütteln, die Blätter abzupfen und unter die Vinaigrette rühren.

4 Die Bohnen und den Lauch in einer Schüssel mit der Vinaigrette mischen. Den Salat vor dem Servieren zugedeckt etwa 1 Stunde durchziehen lassen.

Meeresfrüchtesalat
mit Paprika und Kräutern

Wie am Mittelmeer: Frische Meeresfrüchte, in Orangenvinaigrette mariniert, sind für Fans der mediterranen Küche ein absolutes Muss

Zutaten

1 kleine Stange Lauch
Salz
1 rote Paprikaschote
1 rote Chilischote
Saft von 1 Orange
5 EL Olivenöl
300 g Tintenfisch (küchenfertig)
300 g Garnelen (gegart; bis auf das Schwanzstück geschält)
1 Knoblauchzehe
Saft von 1 Zitrone
2 EL gehackte gemischte Kräuter (z. B. Dill, Estragon, Schnittlauch)

Zubereitung

FÜR 4 PERSONEN

1 Den Lauch putzen und waschen. Zuerst in 5 cm lange Stücke, dann in feine Streifen schneiden. In kochendem Salzwasser 2 Minuten blanchieren, kalt abschrecken und abtropfen lassen. Die Paprika längs halbieren, entkernen, waschen und in feine Streifen schneiden. Die Chilischote längs halbieren, entkernen, waschen und in feine Würfel schneiden.

2 Lauch, Paprika und Chili mit Orangensaft und 3 EL Olivenöl mischen. Den Tintenfisch und die Garnelen waschen und trocken tupfen, den Tintenfisch in kleine Stücke schneiden. Den Knoblauch schälen und in feine Würfel schneiden.

3 Das restliche Olivenöl in einer Pfanne mit dem Knoblauch erhitzen und den Tintenfisch darin anbraten. Die Garnelen dazugeben und kurz durchschwenken. Mit Salz würzen, mit Zitronensaft beträufeln und mit den Kräutern bestreuen. Etwas abkühlen lassen.

4 Tintenfisch und Garnelen mit den übrigen Salatzutaten mischen und den Meeresfrüchtesalat vor dem Servieren zugedeckt etwa 1 Stunde kühl stellen. Nach Belieben auf einem Salatbett anrichten und mit Weißbrot servieren.

Tipp

Staudensellerie passt ebenfalls gut zu Meeresfrüchten. Zusätzlich können Sie den Salat noch mit gegarten Mies- oder Venusmuscheln ergänzen. Die Muscheln dann aus den Schalen lösen.

Insalata caprese

mit Basilikum

Zutaten

600 g Strauchtomaten

2 Kugeln Mozzarella (à 125 g)

1 Bund Basilikum

6 EL Olivenöl

1/2 EL Zitronensaft

Salz · 1 Knoblauchzehe

Pfeffer aus der Mühle

Zubereitung

FÜR 4 PERSONEN

1 Die Tomaten waschen und in dünne Scheiben schneiden, dabei die Stielansätze entfernen. Den Mozzarella in einem Sieb gut abtropfen lassen und ebenfalls in dünne Scheiben schneiden. Das Basilikum waschen, trocken schütteln und die Blätter abzupfen.

2 Die Tomaten- und Mozzarellascheiben auf einer Platte oder portionsweise auf Tellern dachziegelartig anrichten. Das Basilikum darauf verteilen.

3 Das Öl und den Zitronensaft verrühren, die Marinade mit Salz würzen. Den Knoblauch schälen und durch die Presse dazudrücken.

4 Die Marinade über den Tomaten-Mozzarella-Salat träufeln und Pfeffer grob darübermahlen. Dazu nach Belieben frisches Ciabatta (italienisches Weißbrot) servieren.

Bruschetta
mit Tomaten und Basilikum

Zutaten

500 g Tomaten

einige Stiele Basilikum

Salz · Pfeffer aus der Mühle

8 dünne Scheiben Weißbrot

1 Knoblauchzehe

4 EL Olivenöl

Zubereitung

FÜR 8 STÜCK

1 Die Tomaten überbrühen, häuten, vierteln und entkernen. Das Fruchtfleisch in kleine Würfel schneiden.

2 Das Basilikum waschen und trocken schütteln, die Blätter abzupfen. Die Hälfte der Blätter in feine Streifen schneiden, den Rest für die Deko beiseitelegen. Tomatenwürfel und Basilikumstreifen mischen, mit Salz und Pfeffer würzen.

3 Den Backofengrill einschalten. Die Brotscheiben unter dem Backofengrill goldbraun rösten. Die Knoblauchzehe schälen und halbieren. Die heißen Brotscheiben mit der Knoblauchzehe auf einer Seite einreiben und mit dem Olivenöl beträufeln.

4 Die Tomaten-Basilikum-Mischung auf den Brotscheiben verteilen. Mit dem restlichen Basilikum garnieren und nach Belieben mit grob gemahlenem Pfeffer bestreuen.

Marinierte Artischocken
mit Knoblauch und Petersilie

Ein edles Gemüse: Artischocken konnte sich früher nur der Adel leisten – auch heute noch sind sie eine besondere Delikatesse

Zutaten

8 junge Artischocken
Saft von 2 Zitronen
5 Knoblauchzehen
2 Stiele Petersilie
ca. 70 ml Olivenöl
Salz · Pfeffer aus der Mühle

Zubereitung

FÜR 4 PERSONEN

1 Die Artischocken putzen, waschen, die äußeren harten Blätter entfernen, den Stiel schälen und die Artischocken vierteln. Artischockenviertel mit etwas Zitronensaft beträufeln, damit sie nicht braun werden. Die Knoblauchzehen ungeschält mit dem Handballen zerdrücken, bis sie aufplatzen. Die Petersilie waschen und trocken schütteln.

2 In einem großen Schmortopf 60 ml Olivenöl erhitzen. Die Artischockenviertel hineingeben, die Knoblauchzehen hinzufügen, salzen und großzügig mit grob gemahlenem Pfeffer bestreuen. Mit $1/8$ l Wasser ablöschen und die Petersilienstiele dazugeben. Die Artischocken zugedeckt bei mittlerer Hitze 15 Minuten schmoren. Im Schmortopf abkühlen lassen, Knoblauchzehen und Petersilie wieder entfernen.

3 Die Artischocken auf Tellern anrichten. Den Schmorsud darauf verteilen. Die Artischocken jeweils mit etwa 2 EL Zitronensaft beträufeln. Eventuell noch mal mit Salz und Pfeffer würzen und das restliche Olivenöl darüberträufeln. Die Artischocken 10 Minuten ziehen lassen und kalt servieren.

Tipp

Junge, kleine Artischocken können im Ganzen verzehrt werden. Bei größeren, älteren Exemplaren muss das in den Artischockenherzen befindliche ungenießbare »Heu« entfernt werden.

Grissini
mit Parmesan

Schlank und rank: Die dünnen Knabberstangen sind der ideale Snack zu einem Glas Wein und selbst gemacht am allerbesten

Zutaten

100 g Mehl
50 g weiche Butter
25 g geriebener Parmesan
Salz
1 TL Thymianblättchen
Mehl für die Arbeitsfläche
Butter für das Blech
grobes Meersalz zum Bestreuen

Zubereitung

FÜR 8–10 STÜCK

1 Das Mehl, die Butter, den Parmesan, 4 EL Wasser, 1 Prise Salz sowie die Thymianblättchen mischen und rasch zu einem glatten Teig verkneten. Den Teig zu einer Kugel formen, in Frischhaltefolie wickeln und im Kühlschrank mindestens 30 Minuten ruhen lassen.

2 Den Backofen auf 200 °C vorheizen. Vom Teig kleine Stücke abnehmen und auf der bemehlten Arbeitsfläche zu bleistiftdicken Grissinistangen ausrollen.

3 Ein Backblech einfetten, die Grissini darauflegen und mit Meersalz bestreuen. Im Backofen auf der mittleren Schiene 10 bis 12 Minuten knusprig backen.

Tipp

Servieren Sie die Grissini z. B. mit Parmaschinken, italienischer Salami und Oliven. Wenn Sie weniger Butter und dafür etwas Quark in den Teig geben, werden die Grissini lockerer.

Serrano-Pflaumen
mit Tomaten-Paprika-Dip

Häppchenweise Hochgenuss: Die fruchtigen Schinkenröllchen gehören in Spanien zu den Top Ten der Tapas-Klassiker

Zutaten

1 Zwiebel
2 Knoblauchzehen
2 rote Paprikaschoten
2 EL Olivenöl
200 g passierte Tomaten (aus dem Tetrapak)
Salz · Pfeffer aus der Mühle
1 TL Paprikapulver (edelsüß)
Cayennepfeffer
200 g Serranoschinken (in dünnen Scheiben)
ca. 400 g große Backpflaumen (ohne Stein)

Zubereitung

FÜR 6 PERSONEN

1 Die Zwiebel und den Knoblauch schälen und in feine Würfel schneiden. Die Paprikaschoten längs halbieren, entkernen, waschen und in kleine Würfel schneiden.

2 Das Olivenöl in einem Topf erhitzen, Zwiebel und Knoblauch darin andünsten, die Paprikawürfel dazugeben und kurz mitdünsten. Die passierten Tomaten untermischen und zugedeckt bei schwacher Hitze 10 Minuten köcheln lassen. Die Sauce fein pürieren und mit Salz, Pfeffer, Paprikapulver und Cayennepfeffer würzen. Den Dip abkühlen lassen.

3 Den Backofen auf 250 °C vorheizen. Den Schinken nach Bedarf halbieren, sodass die Pflaumen damit umwickelt werden können. Die Pflaumen mit den Schinkenscheiben umwickeln und mit kleinen Holzspießen feststecken. In eine Auflaufform legen und im Backofen auf der mittleren Schiene etwa 10 Minuten knusprig braten.

4 Die Serrano-Pflaumen mit dem Tomaten-Paprika-Dip servieren. Dazu einen trockenen Sherry reichen.

Tipp

Sie können statt Pflaumen auch Datteln in Schinken oder geräucherten Speck einwickeln. Die Datteln vor dem Braten in einer Mischung aus Sherry und Orangensaft ziehen lassen.

Glasierte Möhren
mit Rucola und Schinken

Geschickt gewickelt: Wenn junge Möhren in einem Mantel aus Parmaschinken stecken, greifen nicht nur Feinschmecker gern zu

Zutaten

12 junge Bundmöhren (mit Grün)
6 EL Olivenöl
1 unbehandelte Zitrone
Salz
1 TL Zucker
125 g Rucola
12 dünne Scheiben Parmaschinken
Pfeffer aus der Mühle

Zubereitung

FÜR 4 PERSONEN

1 Die Möhren putzen, dabei etwa 3 bis 4 cm vom Grün stehen lassen. Die Möhren schälen oder unter fließendem kaltem Wasser mit einem Messer abschaben und anschließend mit Küchenpapier gut trocken tupfen.

2 Das Öl in einem weiten Topf oder einer großen Pfanne erhitzen und die Möhren darin bei schwacher Hitze etwa 3 Minuten andünsten. Die Zitrone heiß waschen, trocken reiben und die Schale fein abreiben. Die Zitrone auspressen.

3 Die Möhren mit Salz, Zucker und Zitronensaft würzen und zugedeckt weitere 8 Minuten garen, dabei den Topf oder die Pfanne immer wieder ein wenig rütteln. Den Deckel abnehmen, die Zitronenschale über die Möhren streuen und alles abkühlen lassen.

4 Den Rucola verlesen, waschen und trocken schleudern, grobe Stiele entfernen. Jede Möhre mit einigen Rucolablättern so in 1 Scheibe Parmaschinken einwickeln, dass das Grün der Möhren noch herausschaut. Die Möhren dekorativ auf einer Platte anrichten und kräftig mit Pfeffer bestreuen. Nach Belieben frisches Baguette oder Ciabatta dazu servieren.

Tipp

Als Bundmöhren werden frühe Möhrensorten, die im Frühling und Sommer jung geerntet werden, bezeichnet. Das Garen mit Zucker unterstreicht ihren leicht süßlichen Geschmack.

Carpaccio
mit Parmesan

Zutaten

400 g Rinderfilet (aus der Mitte)

Saft von 1 Zitrone

2 TL schwarze Pfefferkörner

1 TL grobes Meersalz

50 g Rucola

30 g Parmesan (am Stück)

Zubereitung

FÜR 4 PERSONEN

1 Das Filet waschen, trocken tupfen, in Frischhaltefolie wickeln und im Tiefkühlfach 30 Minuten anfrieren lassen. Das Fleisch herausnehmen und mit einem scharfen Messer in hauchdünne Scheiben schneiden.

2 Die Filetscheiben jeweils einzeln zwischen zwei Lagen Frischhaltefolie legen und mit dem Messer flach streichen. Die Scheiben mit der Folie auf Teller legen und die Folie abziehen. Den Zitronensaft darüberträufeln.

3 Die Pfefferkörner grob zerstoßen und das Carpaccio mit Meersalz und Pfeffer würzen.

4 Den Rucola verlesen, waschen und trocken schütteln. Grobe Stiele entfernen und die Blätter nach Belieben ganz lassen oder in Stücke zupfen. Den Rucola über dem Carpaccio verteilen. Den Parmesan mit dem Sparschäler in langen Streifen abziehen und das Carpaccio damit garnieren. Sofort servieren.

Schinken
mit Melone und Rucola

Zutaten

150 g Rucola
2 EL Pinienkerne
1 Netz- oder Honigmelone
1–2 EL Olivenöl
150 g Parmaschinken
(in hauchdünnen Scheiben)

Zubereitung

FÜR 4 PERSONEN

1 Den Rucola verlesen, waschen und trocken schleudern, grobe Stiele entfernen. Die Pinienkerne in einer beschichteten Pfanne ohne Fett unter Rühren goldbraun rösten.

2 Die Melone halbieren, die Kerne mit einem Esslöffel entfernen und die Melonenhälften in Spalten schneiden. Das Fruchtfleisch mit einem scharfen Messer von der Schale schneiden, aber auf der Schale liegen lassen.

3 Das Melonenfruchtfleisch quer in kleine Stücke schneiden und leicht versetzt auf der Schale arrangieren.

4 Die Melonenspalten auf Teller setzen und den Rucola dazugeben. Die Rucolablätter mit dem Öl beträufeln und mit den gerösteten Pinienkernen bestreuen. Den Parmaschinken daneben anrichten und nach Belieben mit grob gemahlenem Pfeffer bestreuen.

Mini-Pizzen

mit Paprika und Knoblauch

Klein, aber oho: Zur Abwechslung bringen hier mal rote Paprikaschoten statt Tomaten Farbe auf die selbst gebackenen Pizzen

Zutaten

Für den Teig:

1/2 Würfel Hefe (21 g)

Zucker

400 g Mehl

75 ml Olivenöl · Salz

Für den Belag:

800 g rote Paprikaschoten

2 EL gehacktes Basilikum

3 Knoblauchzehen

Salz · Pfeffer aus der Mühle

4 EL Olivenöl

Außerdem:

Butter für das Blech

Mehl für die Arbeitsfläche

Petersilie für die Deko

Zubereitung

FÜR 16 STÜCK

1 Die Hefe mit 1 Prise Zucker in etwa 1/8 l lauwarmem Wasser auflösen. Mit dem Mehl, dem Olivenöl und 1 Prise Salz mischen und mit den Knethaken des Handrührgeräts zu einem glatten, elastischen Teig verkneten. Zugedeckt an einem warmen Ort etwa 45 Minuten gehen lassen.

2 Den Backofen auf 250 °C vorheizen. Für den Belag die Paprikaschoten längs halbieren, entkernen, waschen und auf ein gefettetes Backblech legen. Im Backofen etwa 20 Minuten garen, bis die Haut dunkle Blasen wirft.

3 Die Paprika aus dem Backofen nehmen, etwas abkühlen lassen, häuten und in Streifen schneiden. Mit dem Basilikum mischen. Den Knoblauch schälen, in feine Würfel oder Scheiben schneiden und unterrühren. Mit Salz und Pfeffer würzen.

4 Den Backofen auf 200 °C vorheizen. Den Teig auf der bemehlten Arbeitsfläche nochmals durchkneten, zu einer Rolle formen und in 16 Teile schneiden. Kleine Pizzen ausrollen, auf ein gefettetes Backblech legen und jeweils einen Rand formen.

5 Die Paprikamischung auf den Pizzen verteilen. Mit dem Olivenöl beträufeln und im Backofen auf der mittleren Schiene 25 Minuten backen. Die Petersilie waschen und trocken schütteln, die Blätter abzupfen und die Pizzen damit garnieren.

Tipp

Vor dem Backen können Sie die Pizzen noch mit etwas geriebenem Parmesan bestreuen. Verwenden Sie zum Garnieren statt der Petersilie zur Abwechslung einmal Basilikumblätter.

Zucchini-Frittata
mit Joghurtsauce

Omelett auf Italienisch: Mit Zucchini erhält die beliebte Eierspeise nicht nur einen anderen Namen, sondern auch ein neues Aussehen

Zutaten

1 Zwiebel
350 g Zucchini
1 EL Öl · 2 EL Butter
6 Eier · 60 g Sahne
Salz · Pfeffer aus der Mühle
1 getrocknete Chilischote (zerstoßen)
150 g Naturjoghurt
1 EL gehackter Dill
1 EL gehackte Petersilie
2 EL Orangensaft
1 Knoblauchzehe

Zubereitung

FÜR 4 PERSONEN

1 Die Zwiebel schälen und in feine Würfel schneiden. Die Zucchini putzen, waschen und in dünne Scheiben schneiden. Das Öl und die Butter in einer Pfanne erhitzen und die Zwiebel darin andünsten. Die Zucchinischeiben dazugeben und 5 Minuten braten.

2 Die Eier und die Sahne mit dem Schneebesen gründlich verquirlen, mit $1/2$ TL Salz und Pfeffer würzen. Die Zucchinischeiben mit Salz, Pfeffer und Chili kräftig würzen. Die Eiersahne dazugießen und alles zugedeckt bei schwacher Hitze 15 Minuten stocken lassen.

3 Den Joghurt mit Dill, Petersilie und Orangensaft verrühren. Den Knoblauch schälen und durch die Presse dazudrücken. Die Joghurtsauce mit Salz und Pfeffer abschmecken.

4 Die Frittata in Stücke schneiden und warm oder kalt servieren. Die Joghurtsauce dazu reichen.

Tipp

Geben Sie 2 EL geriebenen Parmesan oder Manchego unter die Eiermasse – so wird die Frittata noch herzhafter. Besonders luftig wird sie, wenn man die Eiersahne mit dem Stabmixer aufschäumt.

Kartoffelrösti
mit Camembert

Rösti mal anders: Diese Miniaturausgabe beweist, dass sich die knusprigen Kartoffelplätzchen auch bestens als Vorspeise eignen

Zutaten

150 g Cranberrys
1 EL Zucker
100 ml roter Portwein
1 TL Speisestärke
100 ml roter Johannisbeersaft
500 g festkochende Kartoffeln
100 ml Öl
Salz
2 reife kleine Camemberts (à ca. 40 g)

Zubereitung

FÜR 4 PERSONEN

1 Die Cranberrys verlesen, kalt abbrausen und trocken tupfen. Mit dem Zucker und dem Portwein in einen Topf geben, aufkochen und etwas einkochen lassen. Die Stärke mit 2 EL kaltem Johannisbeersaft glatt rühren. Den restlichen Saft in den Topf gießen und aufkochen lassen. Die Stärke unterrühren, das Kompott bei schwacher Hitze etwa 10 Minuten köcheln und dann abkühlen lassen.

2 Die Kartoffeln schälen, waschen und auf der Gemüsereibe sehr grob raspeln oder zuerst in dünne Scheiben und dann in streichholzdünne Stifte schneiden. Die Kartoffelraspel oder -stifte in einem Sieb abbrausen, bis das Wasser klar abläuft. Die Kartoffeln gut trocken tupfen.

3 Den Backofen auf 80 °C vorheizen. Das Öl portionsweise in einer Pfanne erhitzen. Die Kartoffelstifte esslöffelweise in die Pfanne geben, mit dem Löffel flach drücken und zu kleinen Rösti ausbacken. Die Rösti auf Küchenpapier abtropfen lassen und leicht mit Salz würzen. Im Backofen warm halten, bis alle Rösti gebacken sind.

4 Die Camemberts in Scheiben schneiden. Die Kartoffelrösti mit je 1 Käsescheibe belegen und je 1 TL Cranberry-Kompott daraufsetzen. Die Kartoffelrösti nach Belieben auf einem Salatbett anrichten.

Tipp

Sie können das Kompott auch mit Preiselbeeren zubereiten, Cranberrys sind jedoch milder im Geschmack. Wenn es schnell gehen soll, nehmen Sie einfach Preiselbeerkonfitüre aus dem Glas.

Suppen
& Eintöpfe

Grüne Hochzeitssuppe
mit Schöberln und Nockerln

Würdiger Auftakt für ein rauschendes Fest: Das klare Gurkensüppchen ist die feine Grundlage für zwei würzige Zugaben

Zutaten

Für die Suppe:

1 Salatgurke

je 1 Bund Basilikum, Dill und Petersilie

1 Bund Frühlingszwiebeln

Salz · Pfeffer aus der Mühle

Zucker

Für die Einlagen:

1 Brötchen (vom Vortag)

100 ml Milch

50 g gekochter Schinken

3 Eier

3 EL weiche Butter

60 g Mehl

Salz · Pfeffer aus der Mühle

2 EL gehackte gemischte Kräuter (z. B. Basilikum, Petersilie, Schnittlauch)

Zubereitung

FÜR 4 PERSONEN

1 Für die Suppe die Gurke putzen, waschen und in feine Scheiben hobeln. Die Kräuter waschen, trocken schütteln, die Blätter bzw. Spitzen abzupfen und die Stiele beiseitelegen. Die Frühlingszwiebeln putzen, waschen und in Ringe schneiden. Einige Kräuterblätter für die Deko beiseitelegen, den Rest mit den grünen Frühlingszwiebelringen und der Gurke in einem großen Topf mischen.

2 Die weißen Frühlingszwiebelringe mit 1/2 l Wasser, 1 TL Salz und den Kräuterstielen 5 Minuten kochen lassen, dann über die Gurkenscheiben gießen. Abkühlen und im Kühlschrank zugedeckt etwa 6 Stunden oder über Nacht ziehen lassen.

3 Für die Schöberln das Brötchen entrinden, in Würfel schneiden und in der Milch einweichen. Den Schinken klein schneiden. 1 Ei trennen. Das Brötchen ausdrücken, mit 2 EL Butter, dem Schinken, dem Eigelb und 1 TL Mehl vermischen. Mit Salz und Pfeffer würzen. Das Eiweiß steif schlagen und unterheben.

4 Den Backofen auf 200 °C vorheizen. Eine Auflaufform mit der restlichen Butter einfetten. Die Masse fingerdick hineingeben und glatt streichen. Im Ofen auf der mittleren Schiene etwa 10 Minuten goldgelb backen. Die Schinkenschöberln herausnehmen, abkühlen lassen und in Rauten schneiden.

5 Für die Nockerln die restlichen Eier und das restliche Mehl mit den gehackten Kräutern glatt rühren, mit Salz und Pfeffer würzen. Mit einem Teelöffel kleine Mengen von der Masse abnehmen und in kochendes Salzwasser geben. Einmal aufkochen lassen und die Kräuternockerln herausnehmen.

6 Ein feines Sieb über einen Topf hängen, die Gurkenmischung hineingeben und gut ausdrücken. Die Suppe aufkochen, mit Salz, Pfeffer und Zucker abschmecken. Die Nockerln darin erhitzen. Die Suppe mit den Schinkenschöberln in tiefen Tellern anrichten und mit den beiseitegelegten Kräutern garnieren.

Gemüseeintopf
mit Bohnen und Kohlrabi

Ein Kessel Buntes: In diesen abwechslungsreichen Eintopf kann all das hinein, was der Gemüsegarten gerade hergibt

Zutaten

150 g Erbsen (tiefgekühlt)
1 Zwiebel
1 Knoblauchzehe
200 g Möhren
200 g vorwiegend festkochende Kartoffeln
1 kleiner Kohlrabi
2 kleine Stangen Lauch
200 g grüne Bohnen
2 EL Butter
1 l Gemüsebrühe
1/2 TL getrockneter Majoran
1 TL getrocknetes Bohnenkraut
Salz · Pfeffer aus der Mühle

Zubereitung

FÜR 4 PERSONEN

1 Die Erbsen auftauen lassen. Die Zwiebel und den Knoblauch schälen und in feine Würfel schneiden. Die Möhren, die Kartoffeln und den Kohlrabi schälen und in kleine Würfel schneiden. Den Lauch putzen, waschen und in Ringe schneiden. Die Bohnen waschen, die Enden abschneiden und die Bohnen in kleine Stücke schneiden.

2 Die Butter in einem großen Topf erhitzen und die Zwiebel darin andünsten. Dann den Knoblauch, die Möhren, die Kartoffeln und den Kohlrabi dazugeben und kurz mitdünsten.

3 Die Brühe dazugießen und alles einmal aufkochen lassen. Den Majoran und das Bohnenkraut hinzufügen und den Eintopf etwa 10 Minuten köcheln lassen, dann die Bohnen und den Lauch dazugeben und weitere 12 bis 15 Minuten garen.

4 Zum Schluss die Erbsen dazugeben und etwa 2 bis 3 Minuten mitgaren, bis sie weich sind. Den Gemüseeintopf mit Salz und Pfeffer abschmecken.

Tipp

Beim Gemüseeintopf sind Ihrer Fantasie keine Grenzen gesetzt: Verwenden Sie das Gemüse, das Sie am liebsten mögen. Auch Zucchini, Fenchel oder Frühlingszwiebeln passen in den Eintopf.

Rinderbrühe
mit Grießnockerln

Zutaten

40 g weiche Butter

75 g Grieß

1 Ei

Salz

frisch geriebene Muskatnuss

1 EL gehackte Petersilie

1 l Rinderbrühe

3 Stiele Petersilie

Zubereitung

FÜR 4 PERSONEN

1 Die Butter in einer kleinen Schüssel schaumig rühren und etwas Grieß untermischen. Dann das Ei unterrühren und den restlichen Grieß untermischen. Mit Salz und 1 Prise Muskatnuss würzen, die gehackte Petersilie dazugeben und den Teig etwa 20 Minuten ruhen lassen.

2 Die Brühe aufkochen. Aus dem Grießteig mit zwei Löffeln gleichmäßige Portionen abstechen und zu länglichen Nockerln formen.

3 Nach und nach die Grießnockerln in die heiße Brühe geben und bei schwacher Hitze etwa 15 Minuten darin ziehen lassen. Die Petersilie waschen, trocken schütteln, die Blätter abzupfen und beiseitelegen.

4 Die Suppe mit den Nockerln in tiefen Tellern anrichten und mit den Petersilienblättern bestreut servieren.

Hühnerbrühe
mit Pfannkuchenstreifen

Zutaten

4 EL Mehl
4 Eier
4 EL Mineralwasser
(oder Milch)
Salz
4 TL Butter
1 Bund Schnittlauch
1 l Hühnerbrühe

Zubereitung

FÜR 4 PERSONEN

1 Das Mehl, die Eier, das Mineralwasser und 1 TL Salz in einen hohen Rührbecher geben und mit dem Stabmixer zu einem glatten Teig verrühren. Den Teig 20 Minuten ruhen lassen.

2 Die Butter portionsweise in einer Pfanne erhitzen und aus dem Teig nacheinander 4 Pfannkuchen darin backen. Die fertigen Pfannkuchen etwas abkühlen lassen, aufrollen und in feine Streifen schneiden.

3 Den Schnittlauch waschen, trocken schütteln und in feine Röllchen schneiden.

4 Die Brühe in einem Topf erhitzen. Die Pfannkuchenstreifen auf Suppentassen verteilen. Mit der heißen Brühe begießen und mit dem Schnittlauch bestreut servieren.

Minestrone
mit grünem Pesto

Suppen-Hit mit südlichen Wurzeln: Der italienische Gemüseeintopf darf sich zu Recht einen kulinarischen Bestseller nennen

Zutaten

1 Zwiebel
2 Stangen Staudensellerie (mit Grün)
100 g Lauch
1 Zucchino
2 EL Olivenöl
1 Knoblauchzehe
1 l Gemüsebrühe
500 g Tomaten
200 g Makkaroni
200 g italienische Riesenbohnen (aus der Dose)
Salz · Pfeffer aus der Mühle
ca. 4 TL Pesto (aus dem Glas)

Zubereitung

FÜR 4 PERSONEN

1 Die Zwiebel schälen und in feine Würfel schneiden. Sellerie, Lauch und Zucchino putzen, waschen und in feine Scheiben schneiden. Das Selleriegrün möglichst fein hacken.

2 Das Olivenöl in einem großen Topf erhitzen und die Zwiebel darin andünsten. Die Gemüsescheiben dazugeben und kurz mitdünsten. Den Knoblauch schälen und durch die Presse dazudrücken. Die Brühe dazugießen und alles 10 Minuten köcheln lassen.

3 Inzwischen die Tomaten überbrühen, häuten, vierteln und entkernen. Die Tomatenviertel in Spalten schneiden. Die Makkaroni in Stücke brechen, mit dem Selleriegrün in die Suppe geben und diese weitere 10 Minuten köcheln lassen.

4 Die Bohnen in ein Sieb abgießen, abbrausen und gut abtropfen lassen. Die Bohnen und die Tomaten in die Suppe geben. Die Minestrone kurz aufkochen lassen und mit Salz und Pfeffer abschmecken. Auf tiefe Teller oder Schälchen verteilen und mit jeweils etwa 1 TL Pesto servieren.

Tipp

Für selbst gemachtes Pesto 1 Bund Basilikum, 25 g Pinienkerne und 1 geschälte Knoblauchzehe pürieren. Die Sauce mit 2 bis 3 EL Olivenöl glatt mixen. 1 EL Parmesan, Salz und Pfeffer unterrühren.

Fischsuppe
mit Gemüse

Fisch muss schwimmen: Die fein gebratenen Saiblingsfilets fühlen sich in aromatischer Brühe ganz in ihrem Element

Zutaten

200 g Lauch
2 Möhren
150 g Knollensellerie
600 ml Gemüsebrühe
1 Prise gemahlener Safran
Salz · Pfeffer aus der Mühle
350 g Saiblingsfilets
Saft von ½ Zitrone
2 EL Mehl
2 EL Butterschmalz
1 EL gehackte Petersilie

Zubereitung

FÜR 2 PERSONEN

1 Den Lauch putzen, waschen und in feine Ringe schneiden. Die Möhren und den Sellerie putzen, schälen und in kleine Stifte schneiden.

2 Die Brühe in einem Topf aufkochen und die Möhren und den Sellerie darin etwa 2 Minuten garen. Den Safran unterrühren und den Lauch dazugeben. Weitere 8 Minuten garen. Zum Schluss die Suppe mit Salz und Pfeffer würzen.

3 Die Fischfilets waschen und trocken tupfen, in mundgerechte Stücke schneiden und mit Zitronensaft beträufeln. Mit Salz und Pfeffer würzen und in Mehl wenden, dabei überschüssiges Mehl abklopfen.

4 Das Butterschmalz in einer Pfanne erhitzen und die Filetstücke darin auf beiden Seiten etwa 2 Minuten braten.

5 Die Petersilie in die Suppe geben, nochmals abschmecken und auf tiefe Teller oder Suppentassen verteilen. Die gebratenen Fischstücke darin anrichten und die Suppe sofort servieren.

Tipp

Statt mit gebratenem Saiblingsfilet können Sie die Suppe auch mit geräucherten Lachsfiletstreifen verfeinern. Einen intensiveren Fischgeschmack erhält sie, wenn Sie statt Gemüsebrühe Fischfond nehmen.

Garnelensuppe
mit Kokosmilch

Wie frisch aus der Garküche: Mit dieser Suppe im Thai-Style können Sie Ihren Gästen ein Stück Suppenglück servieren

Zutaten

4 Frühlingszwiebeln
25 g Ingwer
300 g Tomaten
200 g Garnelen (gegart; bis auf das Schwanzstück geschält)
2 rote Chilischoten
1 EL Öl
1/4 l Kokosmilch
650 ml Gemüsebrühe
ca. 3 EL helle Sojasauce
ca. 2 EL Limettensaft

Zubereitung

FÜR 4 PERSONEN

1 Die Frühlingszwiebeln putzen und waschen. Das Grün für die Deko schräg in dünne Ringe schneiden und beiseitelegen, das Weiße fein hacken. Den Ingwer schälen und zunächst mit der breiten Messerklinge zerdrücken, dann ebenfalls fein hacken.

2 Die Tomaten überbrühen, häuten, vierteln und entkernen. Die Tomatenviertel in kleine Würfel schneiden. Die Garnelen in einem Sieb kalt abbrausen und abtropfen lassen. Die Chilischoten längs halbieren, entkernen, waschen und in feine Würfel schneiden.

3 Das Öl in einem großen Topf erhitzen, Frühlingszwiebeln, Ingwer und Chili darin unter Rühren andünsten. Die Kokosmilch und die Brühe dazugießen, kurz aufkochen und 4 Minuten köcheln lassen.

4 Die Tomatenwürfel und die Garnelen in der Suppe erwärmen. Die Garnelensuppe mit Sojasauce und Limettensaft abschmecken und mit dem Frühlingszwiebelgrün garniert servieren.

Tipp

Vorsicht, feurig! Die ätherischen Öle der Chilischoten sind willkommene Scharfmacher, dürfen aber nicht in die Augen geraten. Hände, Messer und Schneidbrett also gründlich waschen!

Spargelsuppe

mit Kresse

Zutaten

500 g weißer Spargel

1 l Gemüsebrühe

2 Schalotten

1 EL Butter

1 EL Mehl

125 g Sahne

1 EL Zitronensaft

Salz · Pfeffer aus der Mühle

1 Kästchen Gartenkresse

Zubereitung

FÜR 4 PERSONEN

1 Die Spargelstangen schälen und die holzigen Enden abschneiden. Die Stangen in kleine Stücke schneiden. Die Brühe in einem Topf aufkochen, die Spargelstücke hineingeben und bei schwacher Hitze etwa 20 Minuten köcheln lassen. Den Spargel abgießen, dabei den Sud auffangen.

2 Den Spargel mit dem Stabmixer fein pürieren. Die Schalotten schälen und in feine Würfel schneiden. Die Butter in einem Topf erhitzen, das Mehl einrühren und anschwitzen. Die Schalotten dazugeben und kurz andünsten. Nach und nach den Spargelsud unter Rühren dazugießen und etwa 10 Minuten köcheln lassen.

3 Das Spargelpüree mit der Sahne unter den Spargelsud rühren. Die Spargelsuppe mit Zitronensaft, Salz und Pfeffer abschmecken und mit dem Stabmixer schaumig aufmixen. Die Kresse vom Beet schneiden, waschen und trocken schütteln. Die Spargelsuppe mit der Kresse bestreut servieren. Nach Belieben können Sie die Spargelsuppe noch mit gegarten und in längliche Streifen geschnittenen Spargelstangen garnieren.

Gazpacho

mit Schafskäse

Zutaten

4 Tomaten

2 rote Paprikaschoten

2 Salatgurken

2–3 Knoblauchzehen

Salz · Pfeffer aus der Mühle

2 TL Zucker

ca. 5 EL Zitronensaft

80 ml Olivenöl

200 g Schafskäse (Feta)

Zubereitung

FÜR 4 PERSONEN

1 Die Tomaten waschen, vierteln und entkernen. Die Paprika längs halbieren, entkernen und waschen. Die Salatgurken schälen. Tomaten, Paprika und Gurken in Stücke schneiden. Den Knoblauch schälen und grob zerkleinern.

2 Tomaten, Paprika, Gurken und Knoblauch im Küchenmixer fein pürieren. Das Gemüse mit Salz, Pfeffer und Zucker würzen.

3 Den Zitronensaft und das Olivenöl unterrühren. Die Gazpacho nach Belieben noch einmal mit Salz und Pfeffer würzen und bis zum Servieren kühl stellen.

4 Den Schafskäse in kleine Würfel schneiden. Die Gazpacho in tiefen Tellern oder Schälchen anrichten und mit den Käsewürfeln bestreuen. Nach Belieben mit Paprikawürfeln und fein geschnittenem Basilikum garniert servieren.

Kartoffelschaumsuppe
mit geräuchertem Lachs

Edler Auftakt: Diese cremige Suppe ist für besondere Anlässe genauso geeignet wie fürs gemütliche Genießen mit Freunden

Zutaten

1 Zwiebel
600 g mehlig kochende Kartoffeln
1 EL Öl
1/4 l trockener Weißwein
3/4 l Gemüsebrühe
100 g geräucherter Lachs (in Scheiben)
125 g Sahne
Salz · Pfeffer aus der Mühle
1–2 EL Zitronensaft
3 Stiele Dill

Zubereitung

FÜR 4 PERSONEN

1. Die Zwiebel schälen und in feine Würfel schneiden. Die Kartoffeln schälen, waschen und in mittelgroße Stücke schneiden.
2. Das Öl in einem Topf erhitzen und die Zwiebel darin andünsten. Die Kartoffeln dazugeben und kurz mitdünsten. Den Wein und die Brühe dazugießen und kurz aufkochen lassen. Dann die Kartoffeln zugedeckt bei mittlerer Hitze etwa 20 Minuten köcheln lassen.
3. Inzwischen den Lachs in breite Streifen schneiden. Die Kartoffeln in der Brühe mit dem Stabmixer fein pürieren. Die Sahne unterrühren und die Suppe mit Salz, Pfeffer und Zitronensaft abschmecken. Den Dill waschen, trocken schütteln und die Spitzen abzupfen.
4. Zum Servieren die Kartoffelcremesuppe nochmals kurz mit dem Stabmixer aufschäumen und in tiefen Tellern oder Schälchen anrichten. Die Lachsstreifen zur Suppe geben und mit den Dillspitzen garniert servieren.

Tipp

Servieren Sie die Suppe statt mit Räucherlachs auch einmal mit Kartoffelstroh: Dafür 1 große festkochende Kartoffel in ganz feine Streifen schneiden und diese im heißen Öl knusprig frittieren.

Kürbissuppe
mit Sellerie und Lauch

Ein herbstliches Highlight: Stilvoll in Kürbisschalen serviert, ist diese fein gewürzte Kürbissuppe ein Augen- und Gaumenschmaus zugleich

Zutaten

4 kleine Kürbisse
(z. B. Golden Nuggets in Suppenschalengröße)
2 Stangen Staudensellerie
2 Stangen Lauch
2 Zwiebeln
2 EL Butter
2 EL Olivenöl
2 TL Tomatenmark
2 EL Currypulver
800 ml Gemüse- oder Hühnerbrühe
Salz · Pfeffer aus der Mühle
200 g Sahne
4 EL Kürbiskerne
Kürbiskernöl

Zubereitung

FÜR 4 PERSONEN

1 Den Backofen auf 80 °C vorheizen. Von den Kürbissen im oberen Drittel einen Deckel abschneiden. Die Kürbisse vorsichtig aushöhlen, ohne die Schale zu beschädigen. Die Kerne entfernen und das Kürbisfleisch in etwa 1 cm große Würfel schneiden. Die ausgehöhlten Kürbisse im Backofen warm stellen.

2 Den Sellerie putzen, waschen und in Scheiben schneiden. Den Lauch putzen, waschen und in feine Ringe schneiden. Die Zwiebeln schälen und in feine Würfel schneiden.

3 Die Butter und das Olivenöl in einem Topf erhitzen. Den Sellerie, den Lauch und die Zwiebeln darin andünsten. Das Tomatenmark und das Currypulver dazugeben und kurz mitdünsten. Die Kürbiswürfel untermischen. Die Brühe dazugießen und zugedeckt bei mittlerer Hitze etwa 20 Minuten köcheln lassen, bis die Kürbisstücke gar sind.

4 Die Suppe mit dem Stabmixer fein pürieren. Mit Salz und Pfeffer abschmecken und die Sahne unterrühren. Die Kürbiskerne in einer beschichteten Pfanne ohne Fett kurz anrösten.

5 Die Suppe in die ausgehöhlten Kürbisse gießen, mit den gerösteten Kürbiskernen bestreuen und mit Kürbiskernöl beträufelt servieren.

Tipp

Sie können die Kürbissuppe auch ohne Sellerie und Lauch zubereiten. Frisch geriebener Ingwer, etwas Chilipulver statt Curry und nach Belieben Orangensaft geben der Kürbissuppe eine ganz andere Note.

Zwiebelsuppe
mit Weißbrot und Käse

Wärmstens empfohlen: Diesem französischen Heißmacher kann kaum jemand widerstehen, wenn er frisch aus dem Ofen kommt

Zutaten

500 g Zwiebeln
2 EL Öl
Salz · Pfeffer aus der Mühle
1 EL Zucker
1 TL gemahlener Kümmel
frisch geriebene Muskatnuss
2 Knoblauchzehen
700 ml Rinderbrühe
150 ml trockener Weißwein
4 Scheiben Baguette
1 EL Zitronensaft
100 g Gruyère (am Stück)

Zubereitung

FÜR 4 PERSONEN

1 Die Zwiebeln schälen und in Ringe schneiden. Das Öl in einem Topf erhitzen und die Zwiebelringe darin andünsten.

2 Die Zwiebelringe mit Salz, Pfeffer, Zucker, Kümmel und 1 Prise Muskatnuss würzen. Die Knoblauchzehen schälen. 1 Zehe in feine Würfel schneiden und hinzufügen. Die Brühe und den Wein dazugießen und die Zwiebelsuppe bei schwacher Hitze 15 Minuten köcheln lassen.

3 Die zweite Knoblauchzehe längs halbieren. Die Baguettescheiben toasten und mit der halbierten Knoblauchzehe einreiben. Die Zwiebelsuppe mit Salz und Pfeffer kräftig würzen, mit dem Zitronensaft abschmecken und in ofenfeste Suppentassen füllen. Den Backofengrill einschalten.

4 Den Gruyère fein reiben. Die Brotscheiben auf die Suppentassen verteilen, mit dem geriebenen Käse bestreuen und unter dem Backofengrill 3 bis 4 Minuten gratinieren.

Tipp

Auch so schmeckt die Zwiebelsuppe herrlich: Einfach die gratinierten Weißbrotscheiben in die Suppentassen legen und die fertig gekochte Zwiebelsuppe darübergießen.

Gulaschsuppe
mit saurer Sahne

Zum Auslöffeln gut: Der ungarische Suppenklassiker ist ein köstlicher Sattmacher, der Groß und Klein gleichermaßen erfreut

Zutaten

Für die Suppe:

700 g Rindfleisch (aus der Wade oder Schulter)

400 g Zwiebeln · 1–2 EL Öl

1 EL Tomatenmark

3/4 l Hühnerbrühe

1 rote Paprikaschote

400 g vorwiegend festkochende Kartoffeln

Salz · Pfeffer aus der Mühle

1 Lorbeerblatt

4 TL saure Sahne

Für das Gulaschgewürz:

2 Knoblauchzehen

je 1/2 TL ganzer Kümmel und getrockneter Majoran

abgeriebene Schale von 1/2 unbehandelten Zitrone

1/2 TL Paprikapulver (edelsüß)

1–2 EL Hühnerbrühe

Zubereitung

FÜR 4 PERSONEN

1 Für die Suppe das Rindfleisch von Fett und Sehnen befreien und in 1 cm große Würfel schneiden. Die Zwiebeln schälen und in feine Würfel schneiden. Das Öl in einem großen, flachen Topf erhitzen, die Fleischstücke darin bei mittlerer Hitze rundum gut anbraten und aus dem Topf nehmen.

2 Die Zwiebelwürfel in den Topf geben und darin andünsten, das Tomatenmark unterrühren und einige Minuten mitdünsten. Das Fleisch wieder hinzufügen und die Brühe angießen. Die Suppe zugedeckt bei schwacher Hitze etwa 2 Stunden köcheln lassen.

3 Inzwischen die Paprika längs halbieren, entkernen, waschen und in kleine Würfel schneiden. Die Kartoffeln schälen, waschen und in 1 cm große Würfel schneiden. Nach 2 Stunden Garzeit die Paprika- und Kartoffelwürfel in die Suppe geben. Mit Salz und Pfeffer würzen, das Lorbeerblatt dazugeben und die Suppe weitere 30 Minuten garen.

4 Für das Gulaschgewürz den Knoblauch schälen, in Scheiben schneiden und mit dem Kümmel und dem Majoran fein hacken. Die Zitronenschale und das Paprikapulver mit der Brühe glatt rühren. Die Gulaschsuppe mit der Gewürzmischung und der Zitronen-Paprika-Mischung würzen und weitere 5 Minuten ziehen lassen.

5 Das Lorbeerblatt aus der Gulaschsuppe entfernen. Die Suppe mit Salz und Pfeffer abschmecken, in tiefen Tellern oder Schälchen anrichten und mit je 1 EL saurer Sahne garnieren.

Erbsensuppe
mit Schweinebauch

Zutaten

250 g getrocknete grüne Erbsen
(geschält und halbiert)
2 Bund Suppengemüse
4 EL Butterschmalz
1 kg Schweinebauch
Salz · Pfeffer aus der Mühle
400 g festkochende Kartoffeln
2–3 Stiele Majoran

Zubereitung

FÜR 4 PERSONEN

1 Am Vortag die getrockneten Erbsen waschen und mit 1 ½ l Wasser über Nacht einweichen.

2 Am nächsten Tag das Suppengemüse putzen, waschen bzw. schälen und in kleine Würfel schneiden. Das Butterschmalz in einem Topf erhitzen und das Gemüse darin andünsten.

3 Die Erbsen samt Einweichwasser zum Gemüse geben. Den Schweinebauch hinzufügen und alles aufkochen lassen. Den entstehenden Schaum mit dem Schaumlöffel abnehmen und die Suppe mit Salz und Pfeffer würzen. Bei leicht geöffnetem Topfdeckel etwa 50 Minuten köcheln lassen.

4 Die Kartoffeln schälen, waschen und in etwa 1 cm große Würfel schneiden. Nach 30 Minuten in die Suppe geben und mitgaren.

5 Den Schweinebauch aus der Suppe nehmen und in Scheiben schneiden. Den Majoran waschen, trocken tupfen, die Blätter abzupfen und in feine Streifen schneiden. Den Majoran in die Suppe rühren und nochmals abschmecken. Die Erbsensuppe mit den Fleischscheiben servieren.

Kartoffeleintopf

mit Wirsing und Speck

Zutaten

1 rote Paprikaschote
500 g vorwiegend festkochende Kartoffeln
1/2 Kopf Wirsing
Salz
1 Zwiebel
1 Knoblauchzehe
150 g durchwachsener, geräucherter Speck
2 EL Olivenöl
1 EL gehackter Rosmarin
1 l Gemüsebrühe
Pfeffer aus der Mühle
8 Scheiben Baguette (getoastet)

Zubereitung

FÜR 4 PERSONEN

1 Die Paprika längs halbieren, entkernen und waschen. Auf ein Backblech legen und unter dem heißen Backofengrill bräunen, bis die Haut Blasen wirft. Die Paprika häuten und in Streifen schneiden. Die Kartoffeln schälen, waschen und in 1 cm große Würfel schneiden.

2 Wirsing putzen und die äußeren Blätter entfernen. Wirsing vierteln, den Strunk entfernen und den Wirsing in Streifen schneiden. In kochendem Salzwasser 2 Minuten blanchieren, abgießen, kalt abschrecken und abtropfen lassen.

3 Die Zwiebel und den Knoblauch schälen und in feine Würfel schneiden. Den Speck in kleine Würfel schneiden. Zwiebel und Speck im Öl andünsten. Knoblauch, Rosmarin und Kartoffeln dazugeben und kurz mitdünsten. Die Brühe dazugießen, aufkochen und 20 Minuten köcheln lassen. 2 bis 3 EL Kartoffeln herausnehmen, zerdrücken und wieder in den Topf geben.

4 Den Wirsing dazugeben und den Eintopf bei schwacher Hitze weitere 10 Minuten garen. Zum Schluss die Paprikastreifen hinzufügen, mit Salz und Pfeffer würzen. Mit den getoasteten Baguettescheiben servieren.

Chili con Carne
mit Kidneybohnen

Feuriges für Großstadt-Cowboys: Mit diesem Eintopf treffen Sie bei all jenen ins Schwarze, die Scharfes, Pikantes und Heißes lieben

Zutaten

2 Zwiebeln
2 rote Chilischoten
200 g Möhren
2 Stangen Staudensellerie (ca. 120 g)
1 Dose Kidneybohnen (250 g Abtropfgewicht)
2 EL Öl
400 g Rinderhackfleisch
Salz · Pfeffer aus der Mühle
Cayennepfeffer
2 Knoblauchzehen
5 EL Tomatenmark
600 ml Gemüsebrühe

Zubereitung

FÜR 4 PERSONEN

1 Die Zwiebeln schälen. Die Chilischoten längs halbieren, entkernen und waschen. Die Zwiebeln und die Chilihälften in feine Würfel schneiden.

2 Die Möhren putzen und schälen, den Sellerie putzen und waschen. Beides in kleine Würfel schneiden. Die Kidneybohnen in ein Sieb abgießen, kalt abbrausen und gut abtropfen lassen.

3 Das Öl in einem großen Topf erhitzen. Zwiebeln und Chilis dazugeben und bei mittlerer Hitze 2 Minuten andünsten. Das Hackfleisch hinzufügen und bei starker Hitze unter Rühren etwa 5 Minuten anbraten.

4 Die Möhren und den Sellerie hinzufügen und das Chili mit Salz, Pfeffer und Cayennepfeffer würzen. Den Knoblauch schälen und durch die Presse dazudrücken. Das Tomatenmark unterrühren. Die Brühe dazugießen, alles gut verrühren und 10 Minuten köcheln lassen.

5 Die Kidneybohnen hinzufügen und kurz erwärmen. Das Chili con Carne mit Salz und Pfeffer abschmecken.

Tipp

Für echten Tex-Mex-Geschmack kann man noch geriebenen Cheddarkäse über das Chili streuen und Taco-Chips oder im Backofen leicht erwärmte Weizentortillas dazu servieren.

Linsensuppe
mit Frankfurter Würstchen

Da haben Hunger und Kälte keine Chance: Ein dampfend heißer und deftig-würziger Linseneintopf wärmt und nährt im Nu

Zutaten

2 Bund Suppengemüse
200 g vorwiegend fest-kochende Kartoffeln
300 g getrocknete braune Linsen
1 1/2 l Rinderbrühe
1 Lorbeerblatt
1 TL getrockneter Thymian
1 Zwiebel
100 g durchwachsener, geräucherter Speck
1 EL Butterschmalz
4 Paar Frankfurter Würstchen
1/2 Bund Petersilie
2 EL Essig · 1 TL Senf
Salz · Pfeffer aus der Mühle

Zubereitung

FÜR 4 PERSONEN

1 Das Suppengemüse putzen, waschen bzw. schälen und in kleine Würfel schneiden. Die Kartoffeln schälen, waschen und in 1 cm große Würfel schneiden.

2 Die Linsen in einem Sieb kalt abbrausen. Die Brühe in einem Topf erhitzen. Das Suppengemüse, die Kartoffeln und die Linsen dazugeben und aufkochen lassen. Das Lorbeerblatt und den Thymian hinzufügen und die Suppe 30 bis 40 Minuten köcheln lassen.

3 Die Zwiebel schälen und in feine Würfel schneiden. Den Speck in kleine Würfel schneiden. Das Butterschmalz in einer kleinen Pfanne erhitzen und die Zwiebel- und Speckwürfel darin bei schwacher Hitze anbraten.

4 Die Speckmischung und die Würstchen zur Suppe geben und zugedeckt erhitzen, aber nicht mehr kochen lassen. Die Petersilie waschen, trocken schütteln und die Blätter abzupfen. Die Hälfte fein hacken, den Rest beiseitelegen.

5 Den Essig, den Senf und die gehackte Petersilie unter die Suppe rühren. Mit Salz und Pfeffer abschmecken. Die Linsensuppe mit den Würstchen in tiefen Tellern anrichten und mit der restlichen Petersilie garniert servieren.

Tipp

1 Bund Suppengemüse besteht meist aus 1 bis 2 Möhren, 1 Stück Knollensellerie sowie 1/2 Stange Lauch. Für ein besonderes Aroma sorgt zusätzlich 1 Stück Petersilienwurzel.

Nudeln, Kartoffeln & Co.

Spaghetti
mit Sauce bolognese

Unübertroffen gut: Besonders aromatisch schmeckt die Hackfleischsauce, wenn man sie mindestens eine Stunde köcheln lässt

Zutaten

1 Zwiebel
2 Möhren
2 Stangen Staudensellerie
1 EL Butter
300 g gemischtes Hackfleisch
5 EL trockener Rotwein
1 große Dose Tomaten (480 g Abtropfgewicht)
Salz · Pfeffer aus der Mühle
Paprikapulver (edelsüß)
1/2 TL getrockneter Oregano
400 g Spaghetti
2 EL Sahne
8 Basilikumblätter

Zubereitung

FÜR 4 PERSONEN

1 Die Zwiebel und die Möhren schälen und in sehr kleine Würfel schneiden. Den Sellerie putzen, waschen und ebenfalls in sehr kleine Würfel schneiden.

2 Die Butter in einem Topf erhitzen und das Hackfleisch unter Rühren darin krümelig braten. Die Gemüsewürfel dazugeben, kurz mitbraten und alles mit dem Wein ablöschen.

3 Die Tomaten samt Flüssigkeit dazugeben und mit dem Kochlöffel etwas zerdrücken. Die Sauce mit Salz, Pfeffer, Paprikapulver und Oregano würzen und offen bei schwacher Hitze etwa 45 Minuten köcheln lassen, dabei gelegentlich umrühren.

4 Inzwischen die Spaghetti nach Packungsanweisung in reichlich kochendem Salzwasser bissfest garen, in ein Sieb abgießen und abtropfen lassen.

5 Die Sauce bolognese mit der Sahne verfeinern und nochmals kräftig abschmecken. Das Basilikum waschen, trocken tupfen und etwas zerkleinern. Die Spaghetti mit der Sauce bolognese auf Tellern anrichten und mit dem Basilikum garniert servieren. Nach Belieben mit geriebenem Parmesan bestreuen.

Tipp

Die Hackfleischsauce eignet sich wunderbar zum Einfrieren – es lohnt sich also, gleich größere Mengen zu kochen. Sauce bolognese wird auch als Füllung für klassische Lasagne verwendet.

Linguine
mit Pesto

Zutaten

2–3 Bund Basilikum

2 Knoblauchzehen

50 g Parmesan (am Stück)

400 g Linguine

Salz

30 g Pinienkerne

80 ml Olivenöl

Pfeffer aus der Mühle

Zubereitung

FÜR 4 PERSONEN

1 Das Basilikum waschen, trocken schütteln und die Blätter abzupfen. Einige Blätter für die Deko beiseitelegen, den Rest klein schneiden. Den Knoblauch schälen und grob hacken. Den Parmesan auf der Käsereibe fein reiben.

2 Die Linguine nach Packungsanweisung in reichlich kochendem Salzwasser bissfest garen. Inzwischen die Pinienkerne in einer beschichteten Pfanne ohne Fett leicht anrösten. Die Pinienkerne, das klein geschnittene Basilikum, den Knoblauch und etwas Öl im Blitzhacker oder mit dem Stabmixer fein pürieren. Den Parmesan dazugeben, alles noch einmal kurz pürieren. Das restliche Olivenöl nach und nach dazugießen und untermixen. Das Pesto mit Salz und Pfeffer kräftig abschmecken.

3 Die Linguine in ein Sieb abgießen, dabei 2 bis 3 EL Kochwasser im Topf lassen. Die Nudeln zurück in den Topf geben und mit dem Pesto mischen. Auf Tellern anrichten und mit dem Basilikum garniert servieren.

Spaghetti
mit Tomatensauce

Zutaten

800 g Tomaten
3 Frühlingszwiebeln
2 Knoblauchzehen
2 EL Olivenöl
2 EL Tomatenmark
2 EL Aceto balsamico
200 ml Gemüsebrühe
Salz · Pfeffer aus der Mühle
Zucker
400 g Spaghetti
40 g Parmesan (am Stück)
½ Bund Basilikum

Zubereitung

FÜR 4 PERSONEN

1 Tomaten überbrühen, häuten, vierteln und entkernen, Viertel in Würfel schneiden. Frühlingszwiebeln putzen und waschen. Das Weiße hacken, das Zwiebelgrün in Ringe schneiden. Den Knoblauch schälen und klein schneiden.

2 Gehackte Frühlingszwiebeln und Knoblauch im Olivenöl andünsten. Tomatenwürfel hinzufügen und Tomatenmark unterrühren. Mit Essig ablöschen und Brühe dazugießen. Mit Salz, Pfeffer und Zucker würzen und die Sauce etwa 10 Minuten leicht sämig einkochen lassen.

3 Die Spaghetti nach Packungsanweisung in reichlich kochendem Salzwasser bissfest garen. Den Parmesan auf der Käsereibe fein reiben. Das Basilikum waschen, trocken schütteln und die Blätter abzupfen. Einige Blätter für die Deko beiseitelegen, den Rest in feine Streifen schneiden. Die Basilikumstreifen und das Zwiebelgrün unter die Sauce rühren, eventuell nochmals abschmecken. Die Spaghetti in ein Sieb abgießen und gut abtropfen lassen. Mit der Sauce, dem geriebenen Parmesan und dem beiseitegelegten Basilikum anrichten.

Klassische Lasagne
mit Tomaten und Mozzarella

Ein Auflauf mit langer Tradition: Schon die alten Etrusker servierten ihren Gästen zur Stärkung einen Vorläufer dieses Nudelrezepts

Zutaten

1 Zwiebel
2 Knoblauchzehen
1 Möhre
3 Stangen Staudensellerie
1 Kugel Mozzarella (125 g)
80 g Parmesan (am Stück)
3 EL Olivenöl
250 g gemischtes Hackfleisch
2 EL Tomatenmark
50 ml trockener Rotwein
1 große Dose Tomaten (480 g Abtropfgewicht)
Salz · Pfeffer aus der Mühle
4 EL Butter · 50 g Mehl
1/2 l Milch
200 g Lasagneblätter

Zubereitung

FÜR 4 PERSONEN

1 Die Zwiebel und den Knoblauch schälen und in feine Würfel schneiden. Die Möhre putzen und schälen, den Sellerie putzen und waschen. Beides ebenfalls in feine Würfel schneiden. Den Mozzarella abtropfen lassen und in dünne Scheiben schneiden. Den Parmesan auf der Käsereibe fein reiben.

2 In einer Pfanne 2 EL Öl erhitzen und die Zwiebel- und Knoblauchwürfel sowie das Hackfleisch darin anbraten. Die Möhren- und Selleriewürfel hinzufügen und kurz mitgaren. Das Tomatenmark unterrühren, den Wein und die Tomaten samt Saft dazugeben, die Tomaten mit einem Kochlöffel leicht zerdrücken. Die Sauce mit Salz und Pfeffer würzen und 20 Minuten sämig einkochen lassen.

3 In einem Topf 1 1/2 EL Butter erhitzen, das Mehl unterrühren und anschwitzen. Nach und nach die Milch unter Rühren dazugießen, die Sauce mit Salz und Pfeffer würzen und 5 Minuten köcheln lassen. Den Backofen auf 200 °C vorheizen.

4 Eine Auflaufform mit dem restlichen Öl einfetten. 2 bis 3 EL Béchamelsauce in die Form geben und mit Lasagneblättern auslegen. Hackfleisch- und Béchamelsauce sowie die Nudelblätter abwechselnd in die Form schichten. Die Lasagne mit einer Lage Nudeln abschließen und mit etwas Béchamelsauce bestreichen. Die Lasagne mit Mozzarella belegen, Parmesan und die restliche Butter in Flöckchen darübergeben und im Backofen auf der mittleren Schiene 40 Minuten garen.

Tipp

Die Lasagne mit einem gemischten Salat servieren und nach Belieben noch Baguette oder Ciabatta dazu reichen. Mit einem Glas Rotwein ist das Genießen wie in »bella Italia«.

Cannelloni
mit Spinat und Ricotta

Gut gefüllt ist halb gewonnen: Die großen Röhrennudeln mit Spinatfülle sind für Liebhaber der vegetarischen Küche ein kulinarisches Highlight

Zutaten

400 g Blattspinat
Salz
Butter für die Form
1 Knoblauchzehe
100 g Parmesan (am Stück)
20 g Pinienkerne
200 g Ricotta
3 Eier
Pfeffer aus der Mühle
16 Cannelloni
100 g Sahne
1 EL Butter

Zubereitung

FÜR 4 PERSONEN

1 Den Spinat verlesen, waschen und trocken schleudern, grobe Stiele entfernen. In kochendem Salzwasser zusammenfallen lassen, in ein Sieb abgießen und abtropfen lassen.

2 Den Backofen auf 200 °C vorheizen. Eine Auflaufform einfetten. Den Knoblauch schälen, den Parmesan fein reiben. Die Pinienkerne in einer beschichteten Pfanne ohne Fett goldgelb rösten und abkühlen lassen.

3 Den Ricotta mit 1 Ei, Salz und Pfeffer glatt rühren. Den Knoblauch durch die Presse dazudrücken, die Pinienkerne hacken und unterrühren. Den Spinat mit den Händen gut ausdrücken, grob hacken und mit der Käsecreme mischen.

4 Die Spinat-Ricotta-Masse mit einem Löffel oder Spritzbeutel in die Cannelloni füllen und die Cannelloni nebeneinander in die Form legen. Die Sahne mit 60 g geriebenem Parmesan und den restlichen Eiern verquirlen und über die Cannelloni gießen. Den restlichen Parmesan darüberstreuen und die Butter in Flöckchen daraufgeben. Die Cannelloni im Backofen auf der mittleren Schiene etwa 35 Minuten goldbraun überbacken.

Tipp

Ricotta ist *der* Frischkäse der italienischen Küche. Er eignet sich sowohl für die Zubereitung pikanter als auch süßer Gerichte. Ersetzen kann man ihn durch abgetropften Speisequark.

Nudelfleckerl
mit Spitzkohl

Zutaten

250 g Mehl

100 g Hartweizengrieß

3 Eier · 1 Eigelb

2–3 EL Olivenöl · Salz

Mehl zum Ausrollen

1/4 Spitzkohl · 2 EL Öl

100 ml Gemüsebrühe

Pfeffer aus der Mühle

gemahlener Kümmel

getrockneter Majoran

1/2 TL Paprikapulver (edelsüß)

2 EL kalte Butter

Zubereitung

FÜR 4 PERSONEN

1 Mehl, Grieß, Eier, Eigelb, Olivenöl und 1 Prise Salz zu einem glatten, elastischen Teig kneten. Den Teig in Frischhaltefolie wickeln und im Kühlschrank etwa 30 Minuten ruhen lassen.

2 Den Teig mit der Nudelmaschine oder dem bemehlten Nudelholz dünn ausrollen. Aus der Teigplatte mit dem gezackten Teigrad Dreiecke oder Quadrate von 3 bis 4 cm Seitenlänge schneiden. Die Nudelfleckerl in reichlich Salzwasser 3 Minuten sehr bissfest garen. In ein Sieb abgießen und gut abtropfen lassen.

3 Vom Spitzkohl die äußeren Blätter und den Strunk entfernen. Die restlichen Blätter waschen, trocken tupfen und in 2 bis 3 cm große Rauten schneiden. Das Öl in einer großen Pfanne erhitzen und den Spitzkohl darin bei mittlerer Hitze anbraten. Die Brühe angießen und den Spitzkohl mit Salz und Pfeffer würzen.

4 Die Nudelfleckerl dazugeben und etwa 2 Minuten darin erhitzen. Mit Salz, Pfeffer, je 1 Prise Kümmel und Majoran, dem Paprikapulver und nach Belieben etwas abgeriebener Zitronenschale abschmecken, die Butter unterrühren. Nudelfleckerl mit dem Spitzkohl anrichten.

Käsespätzle
mit Röstzwiebeln

Zutaten

530 g Mehl
Salz
6 Eier
6 kleine Zwiebeln
2 EL Butterschmalz
1 Bund Schnittlauch
je 150 g geriebener Emmentaler und Gruyère
Pfeffer aus der Mühle

Zubereitung

FÜR 4 PERSONEN

1 In einer Schüssel 500 g Mehl und 1 TL Salz mischen, die Eier und etwa 100 ml Wasser dazugeben. Mit dem Kochlöffel so lange schlagen, bis ein zähflüssiger Teig entstanden ist. Kräftig weiterschlagen, bis der Teig Blasen wirft, leicht glänzt und sich vom Schüsselboden löst.

2 Die Zwiebeln schälen, in dünne Ringe schneiden und kurz im restlichen Mehl wenden. Das Butterschmalz in einer Pfanne erhitzen, die Zwiebelringe darin goldbraun braten und auf Küchenpapier abtropfen lassen.

3 Reichlich Salzwasser in einem großen Topf erhitzen. Den Spätzleteig portionsweise entweder mit dem Spätzlehobel in das kochende Wasser schaben oder mit der Spätzlepresse hineindrücken. Sobald die Spätzle oben schwimmen, mit dem Schaumlöffel herausheben und abtropfen lassen.

4 Den Schnittlauch waschen, trocken schütteln und in Röllchen schneiden. Die Spätzle mit dem geriebenen Käse in einer Schüssel mischen. Mit Salz und Pfeffer würzen und mit den Zwiebelringen und den Schnittlauchröllchen garniert servieren.

Safranrisotto
mit grünem Spargel

Gegensätze ziehen sich an: Der cremige Risotto alla milanese hat in dem knackigen Spargel einen idealen Partner gefunden

Zutaten

700 g grüner Spargel
ca. 1 l Geflügelfond
2 Schalotten
2 EL Olivenöl
400 g Risottoreis
(z.B. Arborio)
50 ml trockener Weißwein
Salz
15 Safranfäden
Pfeffer aus der Mühle

Zubereitung

FÜR 4 PERSONEN

1 Den Spargel waschen und nur im unteren Drittel schälen. Die holzigen Enden abschneiden. Die Spargelstangen in etwa 4 cm große Stücke schneiden.

2 Den Fond erhitzen. Die Schalotten schälen und in feine Würfel schneiden. Das Olivenöl in einem Topf erhitzen und die Schalotten darin andünsten. Den Reis dazugeben und unter Rühren glasig dünsten. Mit dem Wein ablöschen und die Flüssigkeit fast vollständig einkochen lassen.

3 Unter häufigem Rühren immer wieder etwas heißen Fond angießen und bei schwacher Hitze einkochen lassen, bis die Reiskörner nach etwa 25 Minuten weich sind, aber noch Biss haben.

4 Inzwischen den Spargel in kochendem Salzwasser sehr bissfest blanchieren, in ein Sieb abgießen und kalt abschrecken. Nach etwa 15 Minuten Garzeit zum Risotto geben und untermischen. Den Safran in etwas heißem Wasser auflösen und ebenfalls unter den Risotto mischen. Den Risotto mit Salz und Pfeffer abschmecken. Nach Belieben mit geriebenem Parmesan bestreut servieren.

Tipp

Beim Risottokochen brauchen Sie etwas Geduld. Der Reis darf nur langsam quellen, damit die Körner ihre Stärke abgeben können, ohne dabei zu zerfallen. So wird der Risotto schön cremig.

Risotto
mit Steinpilzen

In feiner Gesellschaft: Für die Kreation aus samtigen Reiskörnern und aromatischen Waldpilzen ist Ihnen ein Platz im Koch-Olymp sicher

Zutaten

25 g getrocknete Steinpilze
1 Zwiebel
1 Knoblauchzehe
70 g Parmesan (am Stück)
ca. 800 ml Rinderbrühe
50 ml trockener Weißwein
4 EL Butter
400 g Risottoreis (z.B. Arborio)
4 frische Steinpilze
1 EL Olivenöl
Salz · Pfeffer aus der Mühle

Zubereitung

FÜR 4 PERSONEN

1 Die getrockneten Steinpilze in einer Schüssel mit 200 ml kochendem Wasser übergießen und 15 Minuten ziehen lassen. Dann die Steinpilze abgießen, dabei das Einweichwasser auffangen. Die Pilze klein schneiden.

2 Die Zwiebel und den Knoblauch schälen und in feine Würfel schneiden. 50 g Parmesan auf der Käsereibe fein reiben. Die Brühe in einem Topf erhitzen, das Pilzwasser und den Wein hinzufügen.

3 In einem weiteren Topf 2 EL Butter erhitzen und die Zwiebel und den Knoblauch darin andünsten, die klein geschnittenen Pilze hinzufügen. Den Reis dazugeben und unter Rühren glasig dünsten.

4 Etwa 2 Schöpfkellen der heißen Pilz-Wein-Brühe dazugeben und bei schwacher Hitze einkochen lassen. Erneut Brühe dazugeben, unter häufigem Rühren einkochen lassen und so weiterverfahren, bis der Reis nach etwa 25 Minuten bissfest gegart ist.

5 Die frischen Steinpilze putzen, trocken abreiben und längs in Scheiben schneiden. Je 1 EL Butter und Olivenöl in einer Pfanne erhitzen und die Pilze darin braten. Mit Salz und Pfeffer würzen. Den geriebenen Parmesan und die restliche Butter unter den Risotto rühren, mit Salz und Pfeffer würzen. Den Risotto mit den Pilzen anrichten und den restlichen Parmesan mit dem Sparschäler darüberhobeln.

Tipp

Statt mit Steinpilzen können Sie den Risotto z.B. mit Radicchio, Kürbis oder Erbsen zubereiten. Wer's cremig mag, rührt zuletzt statt Butter etwas Mascarpone unter den Risotto.

Risotto
mit Rucola

Zutaten

1 kleine Zwiebel
1 l Gemüse- oder Rinderbrühe
60 g Butter
400 g Risottoreis (z. B. Arborio)
100 ml trockener Weißwein
Salz
200 g Rucola
50 g Parmesan (am Stück)
Pfeffer aus der Mühle

Zubereitung

FÜR 4 PERSONEN

1 Zwiebel schälen und in feine Würfel schneiden. Die Brühe in einem Topf erhitzen. 2 EL Butter in einem zweiten Topf erhitzen und die Zwiebel darin andünsten. Den Reis dazugeben und glasig dünsten. Mit dem Wein ablöschen, leicht mit Salz würzen und die Flüssigkeit fast vollständig einkochen lassen.

2 Unter häufigem Rühren immer wieder etwas heiße Brühe angießen und bei schwacher Hitze einkochen lassen, bis die Reiskörner nach etwa 25 Minuten weich sind, aber noch Biss haben.

3 Inzwischen den Rucola verlesen, waschen und trocken schleudern, grobe Stiele entfernen. Einige Blätter für die Deko beiseitelegen, den Rest klein schneiden. Den Parmesan fein reiben. Den Rucola, die restliche Butter und den Parmesan unter den Risotto rühren.

4 Den Risotto kräftig mit Pfeffer würzen, auf Tellern anrichten und mit den beiseitegelegten Rucolablättern garniert servieren.

Blitz-Paella
mit Hähnchen

Zutaten

2 rote Paprikaschoten
200 g Staudensellerie
1 Zwiebel
2 Knoblauchzehen
350 g gemischte Meeresfrüchte (tiefgekühlt)
270 g Hähnchenbrustfilet
100 g Cabanossi
3 EL Öl
2 Döschen Safranfäden (à 0,1 g)
300 g Schnellkochreis
je 1/4 l trockener Weißwein und Hühnerbrühe
2 EL Zitronensaft
Salz · Pfeffer aus der Mühle

Zubereitung

FÜR 4 PERSONEN

1 Die Paprikaschoten längs halbieren, entkernen, waschen und in größere Stücke schneiden. Den Sellerie putzen, waschen und in Scheiben schneiden. Die Zwiebel und den Knoblauch schälen und in feine Würfel schneiden. Die Meeresfrüchte in einem Sieb mit heißem Wasser abbrausen und gut abtropfen lassen.

2 Das Hähnchenbrustfilet waschen und trocken tupfen. Das Fleisch in Streifen und die Cabanossi in Scheiben schneiden. Das Öl in einer großen Pfanne erhitzen und das Hähnchenfleisch darin rundum goldbraun braten. Herausnehmen und beiseitestellen. Zwiebel und Knoblauch in die Pfanne geben und im verbliebenen Bratfett unter Rühren andünsten. Paprika und Sellerie dazugeben und kurz mitdünsten.

3 Die Safranfäden unter die Gemüsemischung rühren. Den Reis dazugeben und unter Rühren glasig dünsten. Den Wein und die Brühe dazugießen und den Zitronensaft unterrühren. Das Hähnchenfleisch, die Wurstscheiben und die Meeresfrüchte unter die Reis-Gemüse-Pfanne rühren. Die Paella mit Salz und Pfeffer würzen und alles etwa 8 Minuten garen.

Gnocchi
mit Salbeibutter

Das Gute kann so einfach sein: Zu den in aromatisierter Butter geschwenkten Kartoffelklößchen sagt kein Feinschmecker Nein!

Zutaten

1 kg mehlig kochende Kartoffeln
Salz
250 g Mehl
1 Ei
1 Bund Salbei
50 g Parmesan (am Stück)
80 g Butter
Pfeffer aus der Mühle

Zubereitung

FÜR 4 PERSONEN

1 Die Kartoffeln waschen und in einem Topf in wenig Salzwasser zugedeckt etwa 25 Minuten garen. Die Kartoffeln abgießen, ausdampfen lassen, noch heiß pellen und durch die Kartoffelpresse in eine Schüssel drücken.

2 Die zerdrückten Kartoffeln etwas abkühlen lassen. Dann das Mehl und das Ei dazugeben. Alles gut mischen und zu einem geschmeidigen Teig verkneten.

3 Aus dem Teig fingerdicke Rollen formen und in haselnussgroße Stücke schneiden. Die Teigstücke mit einer Gabel auf beiden Seiten leicht flach drücken und 15 Minuten ruhen lassen. Inzwischen den Salbei waschen, trocken schütteln und die Blätter abzupfen.

4 Die Gnocchi in reichlich kochendes Salzwasser geben und bei kleiner Hitze 5 Minuten ziehen lassen. Dann die Gnocchi mit dem Schaumlöffel herausheben und gut abtropfen lassen. Den Parmesan fein reiben.

5 Die Butter in einer Pfanne erhitzen und die Salbeiblätter darin kurz anbraten. Die Gnocchi in der Salbeibutter schwenken, mit Salz und Pfeffer würzen und mit dem Parmesan bestreut servieren.

Tipp

Gnocchi lassen sich auch gut füllen: Vom Teig größere Klößchen abstechen, in die Mitte eine Mulde drücken, mit Ziegenfrischkäse füllen und verschließen. Wie oben beschrieben gar ziehen lassen.

Kartoffelgratin

mit Zucchini und Sahne

Gelungene Komposition: Kartoffeln, Zucchini und Käse verbinden sich im Ofen mit einer Sahnesauce zu einem pikanten Gaumenschmaus

Zutaten

750 g festkochende Kartoffeln
1 großer Zucchino
200 g Gruyère (am Stück)
2 Schalotten
2 Knoblauchzehen
2 EL Butter
Salz · Pfeffer aus der Mühle
frisch geriebene Muskatnuss
200 g Sahne
2 Eigelb
1 Frühlingszwiebel

Zubereitung

FÜR 4 PERSONEN

1 Die Kartoffeln schälen, waschen und in dünne Scheiben schneiden oder hobeln. Den Zucchino putzen, waschen und ebenfalls in dünne Scheiben schneiden oder hobeln. Den Gruyère grob reiben.

2 Die Schalotten und den Knoblauch schälen und in feine Würfel schneiden. 1 EL Butter in einer Pfanne erhitzen und die Schalotten- und Knoblauchwürfel darin andünsten.

3 Den Backofen auf 200 °C vorheizen. Eine große Auflaufform (oder vier kleine Formen) mit der restlichen Butter einfetten, die Kartoffel- und Zucchinischeiben dachziegelartig hineinschichten. Dann Schalotten und Knoblauch darübergeben und mit Salz, Pfeffer und Muskatnuss würzen. Alles mit dem Käse bestreuen.

4 Die Sahne mit den Eigelben verquirlen und über das Gratin gießen. Das Kartoffelgratin im Backofen auf der mittleren Schiene etwa 45 Minuten garen.

5 Die Frühlingszwiebel putzen, waschen und in feine Streifen schneiden. Das Kartoffelgratin mit den Frühlingszwiebelstreifen und nach Belieben mit Kapuzinerkresseblüten garniert servieren.

Tipp

Auf die gleiche Weise können Sie auch mit anderem Gemüse ein Gratin zubereiten. Am besten eignen sich in Scheiben geschnittene Kohlrabi, aber auch Fenchel, Pastinaken oder Möhren.

Pellkartoffeln

mit Kerbel-Lauch-Sauce

Zutaten

1 kg kleine festkochende Kartoffeln
Salz
2 Stangen Lauch
2 Schalotten
2 EL Butter
3 EL Mehl
1/4 l Milch
400 ml Gemüsefond oder -brühe
1 Bund Petersilie
2 Handvoll Kerbel
Pfeffer aus der Mühle
frisch geriebene Muskatnuss
1–2 EL Zitronensaft

Zubereitung

FÜR 4 PERSONEN

1 Die Kartoffeln mit der Schale unter fließendem kaltem Wasser kräftig abbürsten. In einem Topf knapp mit Wasser bedecken und 1 TL Salz hinzufügen. Zugedeckt etwa 30 Minuten garen, bis sie weich sind.

2 Inzwischen den Lauch putzen, waschen und in dünne Ringe schneiden. Die Schalotten schälen und in feine Würfel schneiden. Die Butter in einem weiten Topf erhitzen und die Schalotten darin andünsten. Den Lauch kurz mitdünsten. Mit Mehl bestäuben und hellbraun anschwitzen.

3 Die Milch und den Fond unter ständigem Rühren dazugießen. Die Sauce bei mittlerer Hitze 5 bis 7 Minuten köcheln lassen, dabei ab und zu umrühren.

4 Die Kräuter waschen und trocken schütteln. Einige Stiele für die Deko beiseitelegen, vom Rest die Blätter abzupfen, fein hacken und unter die Sauce rühren. Mit Salz, Pfeffer, Muskatnuss und Zitronensaft würzen. Die Kartoffeln abgießen und kurz ausdampfen lassen. Mit der Kerbel-Lauch-Sauce auf Tellern anrichten. Dazu passen wachsweich gekochte Eier.

Kartoffelpuffer
mit Apfelkompott

Zutaten

Für die Puffer:
1 kg mehlig kochende Kartoffeln
2 Zwiebeln
2 Eier
3 EL Mehl
Salz · Pfeffer aus der Mühle
frisch geriebene Muskatnuss
Butterschmalz zum Braten

Für das Kompott:
800 g säuerliche Äpfel
(z.B. Cox Orange oder Boskop)
Saft von 1/2 Zitrone
2–3 EL Zucker
1/2 TL Zimtpulver

Zubereitung

FÜR 4 PERSONEN

1 Für die Puffer die Kartoffeln schälen, waschen und auf der Gemüsereibe reiben. Die Zwiebeln ebenfalls schälen und reiben. Etwas Kartoffelwasser abnehmen und die Kartoffeln mit den Zwiebeln, den Eiern und dem Mehl verrühren. Mit Salz, Pfeffer und 1 Prise Muskatnuss würzen.

2 Den Backofen auf 75 °C vorheizen. Etwa 3 EL Schmalz in einer Pfanne erhitzen, mit einem Esslöffel kleine Häufchen von der Kartoffelmasse abnehmen und in das heiße Fett setzen. Die Puffer etwas flach drücken und auf beiden Seiten goldbraun braten. Die Kartoffelpuffer herausnehmen und auf Küchenpapier abtropfen lassen. Die gesamte Masse auf diese Weise verarbeiten und im Backofen warm halten.

3 Für das Kompott die Äpfel schälen, vierteln und die Kerngehäuse entfernen. Die Apfelviertel in Würfel schneiden. Den Zitronensaft mit etwas Wasser, Zucker und Zimt aufkochen. Die Äpfel dazugeben und weich schmoren. Falls nötig, noch etwas Flüssigkeit hinzufügen. (Wer lieber Apfelmus möchte, kocht die Äpfel sehr weich und zerdrückt sie mehr oder weniger fein.) Die Puffer mit dem Kompott anrichten.

Bratkartoffeln
mit Räucherspeck

Knusper, knusper, knäuschen: Dass die Kartoffeln so richtig schön knusprig werden – darin besteht die hohe Kunst des Bratens

Zutaten

1 kg gleich große festkochende Kartoffeln · Salz
2 Zwiebeln
80 g durchwachsener, geräucherter Speck
3–4 EL Öl (oder Butterschmalz)
Pfeffer aus der Mühle
ganzer Kümmel

Zubereitung

FÜR 4 PERSONEN

1 Die Kartoffeln waschen und in reichlich Salzwasser etwa 20 Minuten garen. Abgießen, etwas ausdampfen lassen, noch heiß pellen und abkühlen lassen.

2 Die Kartoffeln in gleichmäßige Scheiben schneiden. Die Zwiebeln schälen und mit dem Speck in kleine Würfel schneiden.

3 In einer möglichst schweren Pfanne (am besten aus Eisen) das Öl erhitzen. Zuerst die Speckwürfel, dann die Zwiebeln darin anbraten. Speckwürfel und Zwiebeln mit dem Schaumlöffel herausnehmen und beiseitestellen.

4 Die Kartoffeln in die Pfanne geben und bei starker Hitze auf einer Seite knusprig braten. Mit Salz und Pfeffer würzen. Die Kartoffeln erst wenden, wenn die Unterseite richtig schön braun ist. Die andere Seite ebenfalls knusprig braten. Dann mit Salz, Pfeffer und Kümmel abschmecken. Den Speck und die Zwiebeln unter die Kartoffeln mischen. Alles durchschwenken und sofort servieren.

Tipp

Wichtig für das Gelingen von knusprigen Bratkartoffeln ist, dass die Scheiben nebeneinander und nicht übereinander in der Pfanne liegen. Falls nötig, die Kartoffeln portionsweise braten.

Rahmschwammerl
mit Semmelknödeln

Bayern lässt grüßen: Nicht nur im Süden Deutschlands hat dieses sahnige Pilzgericht inzwischen eine große Fangemeinde

Zutaten

Für die Semmelknödel:
10 Semmeln (Brötchen; vom Vortag)
Salz · 375 ml Milch
1/2 Zwiebel
1/2 Bund Petersilie
1 EL Butter · 3 Eier

Für die Schwammerl:
600 g gemischte Pilze (z.B. Champignons, Steinpilze, Pfifferlinge)
je 1 Zwiebel und Knoblauchzehe
1/2 Bund Petersilie
3 EL Butter
Salz · Pfeffer aus der Mühle
frisch geriebene Muskatnuss
2 EL Mehl
150 ml Gemüsebrühe
400 g Sahne

Zubereitung

FÜR 4 PERSONEN

1 Für die Semmelknödel die Semmeln in Scheiben schneiden, in eine Schüssel geben und mit Salz würzen. Die Milch erwärmen und darübergießen. Die Masse 20 Minuten ziehen lassen. Inzwischen die Zwiebel schälen und in feine Würfel schneiden. Die Petersilie waschen und trocken schütteln, die Blätter abzupfen und fein hacken.

2 Die Butter in einer Pfanne erhitzen und die Zwiebel und die Petersilie darin andünsten. Beides unter die Semmelmasse mischen. Die Eier dazugeben und alles gut verkneten. Mit angefeuchteten Händen aus der Masse 8 Knödel formen.

3 Reichlich Salzwasser in einem großen Topf zum Kochen bringen und die Semmelknödel darin bei schwacher Hitze etwa 15 Minuten gar ziehen lassen. Die Knödel mit dem Schaumlöffel herausnehmen und abtropfen lassen.

4 Für die Schwammerl die Pilze putzen, trocken abreiben und halbieren bzw. vierteln. Die Zwiebel und den Knoblauch schälen und in feine Würfel schneiden. Die Petersilie waschen und trocken schütteln, die Blätter abzupfen und fein hacken.

5 In einer Pfanne 1 EL Butter erhitzen und die Zwiebel und den Knoblauch darin andünsten. Die Pilze dazugeben und bei mittlerer Hitze etwa 10 Minuten mitdünsten. Mit Salz, Pfeffer und Muskatnuss würzen.

6 Die restliche Butter in einem Topf erhitzen, das Mehl unterrühren und anschwitzen. Die Brühe und die Sahne dazugießen und die Sauce unter Rühren einmal aufkochen lassen. Die Pilze und die Petersilie unter die Sauce mischen und nach Belieben noch einmal abschmecken. Die Rahmschwammerl mit den Semmelknödeln in tiefen Tellern anrichten.

Weißer Spargel
mit Sauce hollandaise

Edle Schaumschlägerei: Die feinen Spargelstangen fühlen sich in Begleitung einer samtigen Buttersauce besonders wohl

Zutaten

2 1/2 kg weißer Spargel
Salz
1 TL Zucker
250 g Butter
3 sehr frische Eigelb
3–4 EL trockener Weißwein
Pfeffer aus der Mühle
1–2 EL Zitronensaft

Zubereitung

FÜR 4 PERSONEN

1 Den Spargel schälen und die holzigen Enden abschneiden. Die Spargelstangen in 4 Portionen bündeln und jeweils mit Küchengarn umwickeln. In einem großen Topf reichlich Wasser mit Salz, Zucker und 1 EL Butter aufkochen. Den Spargel darin bei schwacher Hitze etwa 15 Minuten garen.

2 Inzwischen für die Sauce hollandaise die restliche Butter zerlassen. In einem Schlagkessel die Eigelbe mit dem Wein und 1 Prise Salz mit dem Schneebesen verrühren. Die Masse im heißen Wasserbad dickschaumig aufschlagen. (Achtung: Das Wasserbad darf nicht kochen, sonst gerinnt die Creme!) Die Schüssel aus dem Wasserbad nehmen und die leicht abgekühlte zerlassene Butter zunächst tropfenweise, dann in dünnem Strahl unter die Creme rühren. Die Sauce hollandaise mit Salz, Pfeffer und Zitronensaft abschmecken.

3 Die Spargelbündel aus dem Topf heben und abtropfen lassen. Das Küchengarn entfernen und die Spargelstangen mit der Sauce hollandaise anrichten. Nach Belieben Pellkartoffeln, gekochten Schinken oder Räucherlachs dazu servieren.

Tipp

Die Sauce hollandaise passt auch zu anderem feinen Gemüse (z. B. Artischocken oder Brokkoli), Eiergerichten oder pochiertem Fisch. Man kann sie je nach Geschmack mit gehackten Kräutern verfeinern.

Gemüsecurry
mit Kokosmilch

Gemüseeintopf à la Bollywood: Dank der indischen Gewürze verwandelt sich der Gemüsemix in eine Köstlichkeit aus 1001 Nacht

Zutaten

100 g Gemüsezwiebeln
1 Knoblauchzehe
200 g Zuckerschoten
2 rote Paprikaschoten
1 Dose Kichererbsen
(240 g Abtropfgewicht)
1 kleiner Hokkaidokürbis
(ca. 600 g) · 3 EL Öl
1 TL gemahlene Kurkuma
1 TL Kreuzkümmel
je 1/2 TL gemahlener Koriander
und Chilipulver
Salz · Pfeffer aus der Mühle
1/2 l Gemüsebrühe
5 EL Sahne · 1 geh. EL Mehl
150 g Sahnejoghurt
ca. 4 EL Zitronensaft

Zubereitung

FÜR 4 PERSONEN

1 Die Zwiebeln und den Knoblauch schälen und in feine Würfel schneiden. Die Zuckerschoten putzen und waschen. Die Paprikaschoten längs halbieren, entkernen und waschen, zuerst längs in breite Spalten schneiden, dann quer halbieren.

2 Die Kichererbsen in ein Sieb abgießen, kalt abbrausen und gut abtropfen lassen. Den Kürbis halbieren, entkernen, schälen und in nicht zu kleine Stücke schneiden.

3 Das Öl in einem Topf erhitzen, Zwiebeln, Knoblauch und die Gewürze darin andünsten. Knapp die Hälfte der Zwiebelmasse aus dem Topf nehmen und beiseitestellen.

4 Die Kürbisstücke zu den restlichen Zwiebeln in den Topf geben und kurz andünsten. Die Brühe dazugießen und zugedeckt aufkochen lassen. Zuckerschoten, Paprikastücke und Kichererbsen dazugeben und alles offen 5 Minuten kochen lassen. Die Sahne und das Mehl gut verrühren, unter das Curry mischen und kurz köcheln lassen.

5 Den Sahnejoghurt in einer Schüssel mit etwas Salz und Pfeffer verrühren. Das Curry mit Zitronensaft, Salz und Pfeffer abschmecken. Mit dem Joghurt, der beiseitegestellten Zwiebelmasse und nach Belieben mit Chapati (indischem Fladenbrot) servieren.

Tipp

Damit das Gemüsecurry so richtig indisch schmeckt, kommen die verschiedensten exotischen Gewürze hinein. Wem das zu viel Aufwand ist, der nimmt ein fertiges Madras-Currypulver.

Paprikaschoten
mit Hackfleischfüllung

Zutaten

4 Paprikaschoten

1 Zwiebel

1 EL Öl

500 g gemischtes Hackfleisch

1–2 EL Tomatenmark

125 g Langkornreis

1/4 l Hühnerbrühe

Salz · Pfeffer aus der Mühle

Cayennepfeffer

Zubereitung

FÜR 4 PERSONEN

1 Die Paprikaschoten waschen, den Stiel mit etwas Fruchtfleisch wie einen kleinen Deckel abschneiden und die Kerne entfernen. Die Zwiebel schälen und in feine Würfel schneiden.

2 Den Backofen auf 180 °C vorheizen. Das Öl in einer Pfanne erhitzen und die Zwiebelwürfel darin bei mittlerer Hitze andünsten. Das Hackfleisch dazugeben und unter Rühren braten, bis es krümelig geworden ist.

3 Das Tomatenmark und den Reis unterrühren und kurz mitbraten. 100 ml Brühe dazugießen und die Hackfleischmasse mit Salz, Pfeffer und Cayennepfeffer würzen.

4 Die restliche Brühe in eine Auflaufform gießen. Die Hackfleischmasse in die Paprikaschoten füllen, die Paprika nebeneinander in die Form setzen und die »Deckel« auflegen. Die gefüllten Paprika im Backofen auf der mittleren Schiene etwa 40 Minuten weich schmoren.

Tomatentartelettes

mit Mozzarella und Basilikum

Zutaten

Für den Mürbeteig:

2 Stiele Basilikum · 200 g Mehl

100 g Butter (in Stücken) · 1 Ei

Salz · Mehl für die Arbeitsfläche

Butter für die Förmchen

Für den Belag:

60 g Mozzarella

1/2 Bund Basilikum · 100 g Sahne

100 g Crème fraîche

2 Eier · 1 TL Senf

1 TL abgeriebene unbehandelte Zitronenschale

Salz · Pfeffer aus der Mühle

frisch geriebene Muskatnuss

500 g Cocktailtomaten

Zubereitung

FÜR 4 PERSONEN

1 Für den Teig das Basilikum waschen und trocken tupfen, die Blätter abzupfen und in feine Streifen schneiden. Mehl, Butter, Ei, 1 Prise Salz und Basilikum rasch zu einem glatten Teig verkneten. Zu einer Kugel formen und in Frischhaltefolie gewickelt 30 Minuten kühl stellen.

2 Für den Belag den Mozzarella in kleine Würfel schneiden. Basilikum waschen und trocken schütteln, die Blätter abzupfen und – bis auf einige für die Deko – in feine Streifen schneiden. Sahne, Crème fraîche und Eier verquirlen. Mozzarellawürfel, Senf, abgeriebene Zitronenschale und Basilikum unterrühren. Mit Salz, Pfeffer und Muskatnuss kräftig würzen.

3 Backofen auf 200 °C vorheizen, Teig vierteln und auf der bemehlten Arbeitsfläche dünn ausrollen. Vier Tartelettefömchen einfetten und mit dem Teig auskleiden. Teigboden mit einer Gabel mehrmals einstechen. Tomaten waschen und halbieren. Eiersahne auf die Förmchen verteilen und Tomaten mit der Schnittfläche nach oben hineinsetzen. Tartelettes im Ofen auf der mittleren Schiene etwa 30 Minuten backen. Mit dem restlichen Basilikum garniert servieren.

Zwiebelkuchen
mit Speck und Kümmel

Statt Pizza: Wenn Gäste kommen, ist ein würziger Kuchen vom Blech immer eine prima Rezeptidee – hier kommen mal Zwiebeln zum Zug

Zutaten

Für den Hefeteig:

1/2 Würfel Hefe (21 g)

150 ml lauwarme Milch

Zucker

300 g Mehl · Salz

Mehl für die Arbeitsfläche

Für den Belag:

1 kg Zwiebeln

175 g Frühstücksspeck (Bacon)

1/4 TL gemahlener Kümmel

400 g saure Sahne

3 Eier

Salz · Pfeffer aus der Mühle

Außerdem:

Butter für das Blech

Zubereitung

FÜR 4 PERSONEN

1 Für den Hefeteig die Hefe in der lauwarmen Milch mit 1 Prise Zucker auflösen. Das Mehl und 1/2 TL Salz dazugeben und alles mit den Knethaken des Handrührgeräts zu einem glatten Teig verkneten. Den Teig zugedeckt an einem warmen Ort etwa 45 Minuten gehen lassen.

2 Für den Belag die Zwiebeln schälen und in dünne Ringe schneiden. Den Speck in kleine Würfel schneiden und in einem großen Topf anbraten. Die Zwiebeln dazugeben und andünsten. Den Kümmel unterrühren.

3 Die saure Sahne mit den Eiern, 1/2 TL Salz und Pfeffer verquirlen. Dann mit der Zwiebel-Speck-Masse mischen.

4 Den Backofen auf 200 °C vorheizen. Den Teig auf der bemehlten Arbeitsfläche nochmals durchkneten. Ein Backblech einfetten und den Teig direkt auf dem Blech ausrollen, dabei einen kleinen Rand formen.

5 Die Zwiebelmasse auf dem Teig verteilen. Den Kuchen im Backofen auf der mittleren Schiene etwa 35 Minuten backen. Nach Belieben mit Schnittlauch garnieren. Zu Zwiebelkuchen schmeckt am besten ein Weißwein oder Federweißer.

Tipp

Fürs Aroma und auch für eine bessere Bekömmlichkeit sollte man die Zwiebeln mit Kümmel würzen. Wer ganzen Kümmel mag, kann statt gemahlenem Kümmel 1 TL Kümmelsamen zu den Zwiebeln geben.

Polentaschnitten
mit Gorgonzola und Spinat

Genießen wie in »bella Italia«: Kaum einer versteht es so gut wie die Italiener, aus wenigen Zutaten eine raffinierte Köstlichkeit zu zaubern

Zutaten

400 g Blattspinat
Salz
ca. 2 EL Butter
200 g Polenta (Maisgrieß)
1 Ei
140 g Sahnegorgonzola
2 Knoblauchzehen
Pfeffer aus der Mühle

Zubereitung

FÜR 4 PERSONEN

1 Den Spinat verlesen und waschen, grobe Stiele entfernen. Die Blätter in kochendem Wasser zusammenfallen lassen, in ein Sieb abgießen und abtropfen lassen.

2 In einem Topf $1/2$ l Wasser mit etwas Salz und 1 EL Butter aufkochen. Die Polenta hineinrühren, kurz quellen lassen und in eine Schüssel geben. Das Ei verquirlen und unter die Polentamasse rühren.

3 Eine flache Auflaufform mit Frischhaltefolie auslegen. Die Polentamasse in der Form verteilen, glatt streichen und abkühlen lassen. Den Backofengrill einschalten.

4 Den Spinat mit den Händen gut ausdrücken und grob hacken. Den Gorgonzola in kleine Stücke schneiden. Den Knoblauch schälen und in feine Würfel schneiden. Den Spinat mit Knoblauch, 80 g Gorgonzola, Salz und reichlich Pfeffer verrühren.

5 Die Polentamasse auf ein Küchenbrett stürzen und die Frischhaltefolie abziehen. Die Form mit der restlichen Butter einfetten. Die Polentamasse in 8 große Rauten schneiden und in die Form geben. Die Spinatmasse und den restlichen Gorgonzola auf den Rauten verteilen. Die Polentaschnitten unter dem Backofengrill auf der mittleren Schiene etwa 7 Minuten knusprig überbacken.

Tipp

Sahnegorgonzola ist ideal für alle, denen der italienische Blauschimmelkäse pur zu kräftig schmeckt. Für diese milde Version wird Gorgonzola mit Mascarpone geschichtet – super geeignet zum Überbacken.

Pizza Margherita
mit Tomaten und Mozzarella

Da kann keiner die Finger von lassen: Der knusprige Teigfladen aus Neapel gehört inzwischen weltweit zu den beliebtesten Gerichten

Zutaten

Für den Pizzateig:

1 Würfel Hefe (42 g)

Zucker

500 g Mehl

Salz

70 ml Olivenöl

Mehl für die Arbeitsfläche

Für den Belag:

800 g Tomaten

2 Knoblauchzehen

3 Kugeln Mozzarella (à 125 g)

1/2 Bund Basilikum

3 EL Olivenöl

1 TL getrockneter Thymian

Salz · Pfeffer aus der Mühle

Außerdem:

Butter für die Formen

Zubereitung

FÜR 4 PERSONEN

1 Für den Pizzateig die Hefe in etwa 100 ml warmem Wasser mit 1 Prise Zucker auflösen. Mehl und 1 TL Salz in einer Schüssel mischen und eine Mulde hineindrücken. Das Hefewasser in die Mulde geben und mit etwas Mehl verquirlen. Den Vorteig zugedeckt 15 Minuten gehen lassen. Mit dem restlichen Mehl, dem Olivenöl und 150 ml warmem Wasser gut verkneten. Den Teig zu einer Kugel formen und zugedeckt an einem warmen Ort gehen lassen, bis er sein Volumen verdoppelt hat.

2 Für den Belag die Tomaten überbrühen, häuten, vierteln, entkernen und in Würfel schneiden. Den Knoblauch schälen und in feine Würfel schneiden. Den Mozzarella abtropfen lassen und in Scheiben schneiden. Das Basilikum waschen und trocken schütteln, Blätter abzupfen und in Streifen schneiden.

3 Für die Tomatensauce 1 EL Olivenöl erhitzen und den Knoblauch darin andünsten. Die Tomaten hinzufügen, mit Thymian, Salz und Pfeffer würzen. Die Tomaten etwa 5 Minuten köcheln lassen, dann die Basilikumstreifen unterrühren.

4 Den Backofen auf 230 °C (Umluft) vorheizen, die Pizzaformen einfetten. Den Hefeteig noch einmal kräftig durchkneten und vierteln. Auf der leicht bemehlten Arbeitsfläche rund ausrollen. Die Pizzaformen mit dem Hefeteig auslegen, dabei einen etwas dickeren Rand formen. Die Tomaten und den Mozzarella darauf verteilen, das restliche Olivenöl darüberträufeln und die Pizzen im Backofen etwa 15 Minuten backen.

Tipp

Wichtig fürs Gelingen des Pizzateigs: Den Teig auf keinen Fall zu lange gehen lassen, sonst fällt er beim Backen zusammen. Wer keine Pizzaform hat, kann den Teig auch direkt auf dem Blech ausrollen.

Fisch & Meeresfrüchte

Matjesfilets
mit Radieschen-Dip

Alle Mann an Bord: Wenn im Juni der Matjes Saison hat, feiern die Friesen zu Ehren des frischen Fischs ausgiebige Feste

Zutaten

1 kg neue Kartoffeln · Salz
1 Bund Radieschen
ca. 1/4 Salatgurke
300 g Crème fraîche
100 g Sahne
1 EL Zitronensaft
Pfeffer aus der Mühle
1 TL geriebener Meerrettich
2 EL Schnittlauchröllchen
1 EL gehackter Dill
4 Matjesdoppelfilets

Zubereitung

FÜR 4 PERSONEN

1 Die Kartoffeln waschen und in reichlich Salzwasser etwa 25 Minuten garen. Inzwischen die Radieschen putzen, waschen und in Scheiben schneiden. Die Gurke schälen, längs halbieren und die Kerne mit einem Teelöffel entfernen. Die Gurke in dünne Scheiben schneiden oder hobeln.

2 Die Crème fraîche mit der Sahne und dem Zitronensaft glatt rühren. Mit Salz, Pfeffer und Meerrettich würzen. Radieschen, Gurke, Schnittlauch und Dill unterrühren. Den Radieschen-Dip nochmals abschmecken.

3 Die Kartoffeln abgießen und kurz ausdampfen lassen. Die Matjesfilets mit dem Radieschen-Dip anrichten. Die Pellkartoffeln dazu servieren.

Tipp

Matjesfilets können unter Umständen sehr salzig sein. Deshalb sollte man sie vor dem Servieren probieren und eventuell kurz waschen und gut trocken tupfen.

Matjes
nach Hausfrauenart

Zutaten

8 Matjesfilets

1 Bund Radieschen

1 säuerlicher Apfel (z. B. Boskop)

1 weiße Zwiebel

2 kleine Gewürzgurken

200 g saure Sahne

250 g Naturjoghurt

2–3 EL Weißweinessig

2 EL Schnittlauchröllchen

Salz · Pfeffer aus der Mühle

Zucker

Zubereitung

FÜR 4–6 PERSONEN

1 Die Matjesfilets quer in fingerbreite Streifen schneiden. Die Radieschen putzen, waschen und in dünne Scheiben schneiden. Den Apfel waschen, vierteln und das Kerngehäuse entfernen. Die Apfelviertel quer in feine Scheiben schneiden.

2 Die Zwiebel schälen, halbieren und in dünne Streifen schneiden. Die Gurken trocken tupfen und in kleine Würfel schneiden.

3 Die saure Sahne mit dem Joghurt und dem Essig verrühren. Matjes, Radieschen, Apfel, Zwiebel, Gurken und Schnittlauch gut untermischen. Mit Salz, Pfeffer und 1 Prise Zucker abschmecken. Den Matjes vor dem Servieren mindestens 1 Stunde im Kühlschrank ziehen lassen. Dazu passen Salzkartoffeln oder Bauernbrot.

Eingelegte Bratheringe
mit Zwiebeln und Lorbeer

Zutaten

1,2 kg kleine grüne Heringe (küchenfertig)
Saft von 1 Zitrone
Salz · Pfeffer aus der Mühle
4 EL Mehl
3–4 EL Butterschmalz
1/4 l Weißweinessig
100 g Zucker
1 EL weiße Pfefferkörner
2 EL Senfkörner
1 TL Pimentkörner
2 Lorbeerblätter
3 Zwiebeln

Zubereitung

FÜR 4 PERSONEN

1 Die Heringe innen und außen waschen, trocken tupfen und mit Zitronensaft beträufeln. 30 Minuten ziehen lassen.

2 Die Heringe mit Salz und Pfeffer würzen und im Mehl wenden, überschüssiges Mehl abklopfen. Das Butterschmalz portionsweise in einer Pfanne erhitzen und die Heringe darin nacheinander auf beiden Seiten etwa 4 Minuten goldbraun braten.

3 Für den Sud 3/4 l Wasser mit dem Essig, dem Zucker, 1 TL Salz, den Gewürzkörnern und Lorbeerblättern einige Minuten kochen lassen. Die Zwiebeln schälen, in feine Ringe schneiden und hinzufügen. Den Sud nochmals abschmecken und abkühlen lassen.

4 Die Heringe in eine längliche Schüssel legen. Mit der Marinade begießen und zugedeckt an einem kühlen Ort (nicht im Kühlschrank, da werden sie hart) 1 bis 2 Tage ziehen lassen.

Gebratene Forelle
mit Salzkartoffeln

Ein Fisch mit hohen Weihen: Schon Franz Schubert hat die Bachforelle sehr geschätzt – und ihr sogar ein Lied gewidmet

Zutaten

500 g festkochende Kartoffeln
Salz
2 Bachforellen (küchenfertig)
Pfeffer aus der Mühle
je 1 Bund Petersilie, Rosmarin, Thymian und Schnittlauch
ca. 100 g weiche Butter
6 Knoblauchzehen

Zubereitung

FÜR 4 PERSONEN

1 Die Kartoffeln schälen, waschen, in gleich große Stücke schneiden und in Salzwasser etwa 20 Minuten garen.

2 Inzwischen die Forellen innen und außen waschen, trocken tupfen und mit Salz und Pfeffer einreiben. Die Kräuter waschen, trocken schütteln, klein schneiden und die Forellen damit füllen. Die Öffnungen der Bauchhöhlen jeweils mit etwas Butter bestreichen. Die Fische nach Belieben in etwas Mehl wenden.

3 Den Knoblauch schälen. Die restliche Butter in einer tiefen Pfanne erhitzen und die Fische mit dem Knoblauch darin bei mittlerer Hitze auf beiden Seiten etwa 15 Minuten braten. Die Fische herausnehmen, auf eine vorgewärmte Platte legen und mit Alufolie abdecken.

4 Die Kartoffeln abgießen und abdampfen lassen. Das Bratfett aus der Pfanne abgießen und die Kartoffeln in der Pfanne schwenken. Die Forellen mit den Kartoffeln anrichten.

Tipp

Dazu passt ein Blattsalat mit Joghurtdressing: Dafür 150 g Joghurt mit je 2 EL gehacktem Dill und Zitronensaft, Salz, Pfeffer und etwas Zucker verrühren. Salatherzen oder Kopfsalat damit beträufeln.

Gebratene Scholle
mit Speck und Krabben

Zutaten

150 g durchwachsener geräucherter Speck
150 g Krabben
1 Schalotte
1/2 Bund Petersilie
4 Schollen (à ca. 400 g; küchenfertig)
Saft von 1 Zitrone
Salz · Pfeffer aus der Mühle
3–4 EL Mehl
Butter und Öl zum Braten

Zubereitung

FÜR 4 PERSONEN

1 Den Speck in kleine Würfel schneiden. Die Krabben waschen und gut trocken tupfen. Die Schalotte schälen und längs in feine Streifen schneiden. Die Petersilie waschen und trocken schütteln, die Blätter abzupfen und fein hacken.

2 Die Schollen waschen, trocken tupfen und mit Zitronensaft beträufeln. Mit Salz und Pfeffer würzen und im Mehl wenden, überschüssiges Mehl abklopfen. Den Speck in einer großen beschichteten Pfanne knusprig anbraten und herausnehmen.

3 Den Backofen auf 75 °C vorheizen. Etwas Butter und Öl in die Pfanne geben und die Schollen darin nacheinander bei mittlerer Hitze auf beiden Seiten 3 bis 4 Minuten braten. Herausnehmen und im Backofen warm stellen.

4 Krabben, Schalotte, Speck und Petersilie mit 2 bis 3 EL Butter in die Pfanne geben und kurz andünsten. Die Schollen auf Tellern anrichten und die Speck-Krabben-Butter darüber verteilen. Dazu passen Salzkartoffeln.

Lachsfilet
mit Riesling-Trauben-Sauce

Zutaten

4 Lachsfilets
(à ca. 160 g; ohne Haut)
Saft von 1 Zitrone
Salz · Pfeffer aus der Mühle
2 rote Zwiebeln
2 Stangen Lauch
400 ml trockener Riesling
2 Lorbeerblätter
einige schwarze Pfefferkörner
400 g breite Bandnudeln
300 g kernlose helle Weintrauben
2 EL Butter
3 EL Crème fraîche

Zubereitung

FÜR 4 PERSONEN

1 Die Lachsfilets waschen, trocken tupfen und mit Zitronensaft, Salz und Pfeffer würzen. Die Zwiebeln schälen. 1 1/2 Zwiebeln klein würfeln, den Rest in dünne Spalten schneiden. Lauch putzen und waschen. Das Weiße des Lauchs in feine Streifen, das Grün in Ringe schneiden.

2 Den Wein zum Kochen bringen. Zwiebelwürfel, grüne Lauchringe, Lorbeerblätter und Pfefferkörner hineingeben und den Wein auf die Hälfte einkochen lassen. Dann durch ein Sieb gießen und den Sud beiseitestellen.

3 Die Bandnudeln nach Packungsanweisung in reichlich kochendem Salzwasser bissfest garen. Abgießen und abtropfen lassen. Die Weintrauben waschen und abzupfen. Die Butter in einer Pfanne erhitzen und die Lachsfilets darin 5 Minuten braten, dabei einmal wenden. Aus der Pfanne nehmen und warm halten.

4 Die Zwiebelspalten und die weißen Lauchstreifen im Weinsud einige Minuten köcheln lassen. Crème fraîche einrühren und mit Salz und Pfeffer abschmecken. Die Trauben darin erwärmen. Bandnudeln mit Lachs, Gemüse und Sauce anrichten, nach Belieben mit Petersilie garnieren.

Safran-Fischröllchen
in Weißwein-Apfel-Sauce

Fish'n'Roll: Die gefüllten Fischfilets mit Äpfeln sind genau das Richtige für ein sommerliches Abendessen mit Freunden

Zutaten

8 doppelte Schollenfilets (à 100 g)
Salz · Pfeffer aus der Mühle
1/2 Bund Dill
1 rotschaliger Apfel (z.B. Summerred)
6 EL Sahne
1 Döschen Safranfäden (0,1 g)
weißer Pfeffer aus der Mühle
1 EL Öl
200 ml trockener Weißwein
75 g Crème fraîche

Zubereitung

FÜR 4 PERSONEN

1 Die Schollenfilets waschen und mit Küchenpapier trocken tupfen. Zwei doppelte Fischfilets klein schneiden, mit 1 TL Salz mischen und zugedeckt etwa 30 Minuten im Tiefkühlfach anfrieren lassen. Die restlichen doppelten Fischfilets jeweils der Länge nach halbieren und mit Salz und Pfeffer würzen.

2 Den Dill waschen, trocken schütteln und die Spitzen abzupfen. Einige Dillspitzen für die Deko beiseitelegen, den Rest fein hacken. Den Apfel waschen, vierteln und das Kerngehäuse entfernen. Die Apfelviertel längs in dünne Spalten schneiden.

3 In einem kleinen Topf 4 EL Sahne erwärmen und die Safranfäden darin auflösen. Die angefrorenen Fischfilets mit der restlichen Sahne im Blitzhacker fein pürieren. Die Fischfarce mit dem Dill und der Safransahne verrühren und mit weißem Pfeffer abschmecken.

4 Jeweils etwas Fischfarce auf die dunkle Hautseite der halbierten Fischfilets streichen und die Filets vom dicken Ende her aufrollen. Das Öl in einer Pfanne erhitzen. Die Fischröllchen hineingeben, den Wein dazugießen und zugedeckt 7 Minuten garen. Die Fischröllchen aus der Pfanne nehmen und in Alufolie gewickelt warm halten. Die Crème fraîche unter den Weinsud rühren, die Apfelspalten in die Sauce geben und etwa 2 Minuten köcheln lassen. Die Fischröllchen mit der Sauce und dem Dill anrichten.

Tipp

Man sollte unbedingt darauf achten, dass die (dunkle) Hautseite der Schollenfilets beim Aufrollen innen ist – sonst platzen die Fischröllchen beim Garen auf!

Fischpfanne
mit Fenchel und Möhren

Hier kann nichts schiefgehen: Das zarte Dorschfilet gart aromaschonend auf dem würzigen Fenchel-Möhren-Gemüse

Zutaten

450 g Fenchelknollen
200 g Möhren
1 dünne Stange Lauch
200 g Tomaten
1 Knoblauchzehe
3 EL Olivenöl
100 ml trockener Weißwein
200 ml Gemüsebrühe
1/2 unbehandelte Zitrone
150 g Sahne
Salz · Pfeffer aus der Mühle
600 g Dorschfilet

Zubereitung

FÜR 4 PERSONEN

1 Den Fenchel putzen, waschen, längs halbieren und den Strunk entfernen. Fenchelhälften quer in dünne Scheiben schneiden. Die Möhren putzen, schälen und schräg in Scheiben schneiden. Den Lauch putzen, waschen und schräg in Ringe schneiden. Ein paar grüne Ringe für die Deko beiseitelegen.

2 Die Tomaten überbrühen, häuten, vierteln und entkernen. Die Tomatenviertel in Spalten schneiden. Den Knoblauch schälen.

3 Das Olivenöl in einer großen Pfanne erhitzen. Fenchel, Möhren, Lauch und Tomaten darin kurz andünsten. Den Knoblauch durch die Presse dazudrücken und mit Wein und Brühe aufgießen. Die Zitrone heiß waschen, trocken reiben, die Schale fein abreiben und den Saft auspressen. Die Zitronenschale und die Sahne unterrühren und das Gemüse offen bei schwacher Hitze etwa 4 Minuten köcheln lassen. Mit Salz und Pfeffer abschmecken.

4 Das Dorschfilet waschen, mit Küchenpapier trocken tupfen und in mundgerechte Stücke schneiden. Den Zitronensaft über die Fischstücke träufeln. Die Fischstücke mit Salz und Pfeffer würzen, auf das Gemüse legen und zugedeckt etwa 5 Minuten garen. Das Lauchgrün über die Fisch-Gemüse-Pfanne streuen. Dazu schmecken Salzkartoffeln oder Reis.

Tipp

So schonend und aromatisch gegart, kommt der Eigengeschmack des Fischs gut zur Geltung. Auch andere festfleischige Fischsorten wie Seeteufel oder Steinbeißer eignen sich für die Fischpfanne.

Gebratener Kabeljau
mit Spitzkohl

Ganz schön raffiniert: Der Fisch wird von einer krossen Haube bedeckt und entspannt sich auf einem feinen Spitzkohlbett

Zutaten

1 Zwiebel
½ Kopf Spitzkohl
6 EL Butterschmalz
300 ml trockener Weißwein
400 ml Gemüsebrühe
2 TL Senf
ganzer Kümmel
Salz
8 Scheiben Toastbrot
2 Eier
4 Kabeljaufilets (à 130 g)
Pfeffer aus der Mühle
2 EL Mehl
8 Radieschen

Zubereitung

FÜR 4 PERSONEN

1 Die Zwiebel schälen und in feine Streifen schneiden. Vom Spitzkohl die äußeren Blätter und den Strunk entfernen. Den Kohl in sehr feine Streifen schneiden, waschen und abtropfen lassen. Zwiebel und Kohl in einem flachen Topf oder Bräter in 2 EL Butterschmalz andünsten. Mit dem Wein ablöschen, die Brühe dazugießen und den Senf unterrühren. Mit 2 Prisen Kümmel und etwas Salz würzen. Zugedeckt bei mittlerer Hitze 6 Minuten bissfest garen.

2 Das Toastbrot entrinden und in Würfel schneiden. Die Eier verquirlen. Die Kabeljaufilets waschen, trocken tupfen und auf beiden Seiten mit Salz und Pfeffer würzen. Die Filets nur auf einer Seite mit Mehl bestäuben und in die verquirlten Eier legen. Die Eiseite auf die Toastbrotwürfel drücken, sodass eine Panade entsteht.

3 Die Fischfilets bei mittlerer Hitze im restlichen Butterschmalz in einer beschichteten Pfanne auf der panierten Seite etwa 3 bis 4 Minuten braten, bis sie hellbraun und kross sind. Die Kabeljaufilets aus der Pfanne nehmen.

4 Das Butterschmalz abgießen und die Filets auf der anderen Seite weitere 1 bis 2 Minuten langsam braten. Den Spitzkohl mit dem Sud auf tiefe Teller verteilen. Die Kabeljaufilets mit der Kruste nach oben darauflegen. Die Radieschen waschen, in Stifte schneiden und den Fisch damit garnieren.

Tipp

Spitzkohl hat seinen Namen vom kegelförmig spitz zulaufenden Kopf und ist eine Variante des Weißkohls. Spitzkohl hat eine feinere Struktur und ist zarter und wohlschmeckender.

Dorade aus der Folie
mit Schmorgemüse

Silberlook: Das zarte Fischfleisch gart schonend in Folie, in der auch Kräuter und Gewürze ihr volles Aroma entfalten

Zutaten

3 Knoblauchzehen
1 rote Chilischote
je 2 TL gehackter Thymian, Rosmarin und Salbei
6 EL Olivenöl
Saft und abgeriebene Schale von 2 unbehandelten Zitronen
1 Dorade (ca. 1,2 kg; küchenfertig)
1 grüne Paprikaschote
2 Tomaten
1 festkochende Kartoffel
1 Zwiebel
1 Bund Rucola
Salz · Pfeffer aus der Mühle

Zubereitung

FÜR 4 PERSONEN

1 Den Knoblauch schälen und durch die Presse drücken. Die Chilischote längs halbieren, entkernen, waschen und in feine Würfel schneiden. Knoblauch, Chili und Kräuter mit 5 EL Olivenöl, Zitronensaft und -schale mischen.

2 Den Fisch innen und außen waschen, mit Küchenpapier trocken tupfen und mit der Kräutermarinade bestreichen. Etwa 1 Stunde im Kühlschrank ziehen lassen.

3 Die Paprika längs halbieren, entkernen und waschen. Die Tomaten waschen, vierteln und entkernen. Die Kartoffel schälen. Alles in kleine Würfel schneiden. Die Zwiebel schälen und in feine Würfel schneiden. Das restliche Olivenöl in einer Pfanne erhitzen und die Zwiebel darin andünsten. Paprika- und Kartoffelwürfel dazugeben und kurz mitdünsten.

4 Den Rucola verlesen, waschen und trocken schütteln. Grobe Stiele entfernen und die Blätter klein schneiden. Rucola mit den Tomatenwürfeln zum Gemüse in die Pfanne geben und alles mit Salz und Pfeffer würzen. Die Pfanne vom Herd nehmen. Den Backofengrill einschalten.

5 Den marinierten Fisch auf ein großes Stück Alufolie legen und innen und außen mit Salz und Pfeffer würzen. Etwas Gemüse in den Fisch füllen, den Rest daneben verteilen. Die restliche Marinade darübergeben und die Folie gut verschließen. Die Dorade unter dem nicht zu heißen Grill auf der obersten Schiene etwa 25 Minuten garen, dabei ab und zu wenden. Nach Belieben mit Oliven-Ciabatta servieren.

Sardinen vom Grill
auf Mangoldgemüse

So schmeckt der Sommer: Fisch, Gemüse und Gewürze lassen mediterrane Düfte durch den Garten ziehen

Zutaten

3 Knoblauchzehen

2 EL gehackte Petersilie

2 EL Pinienkerne

1 EL eingelegte Kapern

1 EL Rosinen

100 ml Olivenöl

Salz · Pfeffer aus der Mühle

8 Sardinen

(à ca. 180 g; küchenfertig)

1 unbehandelte Zitrone

300 g Mangold

1 EL Butter

Zubereitung

FÜR 4 PERSONEN

1 Den Knoblauch schälen, 2 Zehen grob hacken und mit der Petersilie, 1 EL Pinienkernen, Kapern, Rosinen und Olivenöl mit dem Stabmixer pürieren. Mit Salz und Pfeffer würzen.

2 Die Sardinen waschen, mit Küchenpapier trocken tupfen und mit der Marinade beträufeln. Die Zitrone waschen, trocken reiben, in dünne Scheiben schneiden und auf die Fische legen. Die Sardinen im Kühlschrank etwa 1 Stunde in der Marinade ziehen lassen.

3 Den Holzkohlengrill anheizen bzw. den Elektrogrill einschalten. Den Mangold putzen, waschen und die dicken, weißen Stiele entfernen. Die Blätter in Streifen schneiden.

4 Die Sardinen aus der Marinade nehmen und mitsamt Zitronenscheiben in Alu-Grillschalen auf dem nicht zu heißen Grill auf beiden Seiten etwa 4 Minuten grillen. Dabei öfter etwas übrige Marinade über die Fische träufeln.

5 Die Butter in einer Pfanne erhitzen, den restlichen Knoblauch durch die Presse dazudrücken und mit den übrigen Pinienkernen darin bei mittlerer Hitze andünsten. Den Mangold hinzufügen und etwa 3 Minuten dünsten, mit Salz und Pfeffer würzen. Die Sardinen mit den Zitronenscheiben auf dem Mangoldgemüse anrichten.

Tipp

Sardinen eignen sich ausgezeichnet zum Grillen, da sie klein sind und nur eine kurze Garzeit haben. Das fettreiche Fleisch bleibt auch bei Grillhitze saftig. Dazu passen Folienkartoffeln.

Rotbarschfilet

mit Spinat und Mandeln

Zutaten

500 g Blattspinat · Salz
1 Zwiebel
ca. 800 g Rotbarschfilet
(in 4 Portionsstücken)
2 EL Zitronensaft
Pfeffer aus der Mühle
2 EL Mehl
2 EL Butter
2 EL Mandelblättchen
Saft und abgeriebene Schale
von 1 unbehandelten Orange
2 EL Crème fraîche
frisch geriebene Muskatnuss

Zubereitung

FÜR 4 PERSONEN

1 Den Spinat putzen, waschen und tropfnass in etwa 1/2 l kochendem Salzwasser zusammenfallen lassen. Abgießen, abschrecken und abtropfen lassen. Den Spinat etwas ausdrücken, grob hacken und wieder auflockern. Die Zwiebel schälen und in feine Würfel schneiden.

2 Das Rotbarschfilet waschen, trocken tupfen und mit Zitronensaft beträufeln. Mit Salz und Pfeffer würzen und im Mehl wenden, überschüssiges Mehl abklopfen.

3 In einer Pfanne 1 EL Butter erhitzen und die Fischfilets darin auf beiden Seiten 3 bis 4 Minuten braten. In den letzten 1 bis 2 Minuten die Mandelblättchen dazugeben und mitbraten.

4 Die restliche Butter erhitzen und die Zwiebelwürfel darin andünsten. Den Spinat hinzufügen und kurz mitdünsten. Orangensaft, -schale und Crème fraîche dazugeben, mit Salz, Pfeffer und 1 Prise Muskatnuss würzen und etwa 5 Minuten garen. Nochmals abschmecken. Das Rotbarschfilet mit dem Spinat auf Tellern anrichten.

Fischfilet
in Senf-Sahne-Sauce

Zutaten

800 g Fischfilet (z. B. Kabeljau, Rotbarsch, Seelachs)
3 EL Zitronensaft
Salz · Pfeffer aus der Mühle
200 g Sahne
100 ml Fischfond
1 EL scharfer Senf
frisch geriebene Muskatnuss
1 unbehandelte Zitrone (in Spalten) und Dillspitzen für die Deko

Zubereitung

FÜR 4 PERSONEN

1 Das Fischfilet waschen, trocken tupfen und in 4 Stücke schneiden. Mit Zitronensaft beträufeln und mit Salz und Pfeffer würzen.

2 Die Sahne und den Fischfond in einer Pfanne etwa 5 Minuten einköcheln lassen. Die Fischfilets hineinlegen und zugedeckt bei schwacher Hitze etwa 6 Minuten ziehen lassen. Den Fisch herausnehmen und warm halten.

3 Den Senf unter die Sahnesauce rühren, die Sahne aufkochen und mit Salz, Pfeffer und 1 Prise Muskatnuss abschmecken.

4 Den Fisch mit der Senf-Sahne-Sauce auf Tellern anrichten, mit Zitronenspalten garnieren und mit Dillspitzen bestreut servieren. Dazu passen Salzkartoffeln oder Reis.

Rotbarbe
mit Kräuterkruste

Ein guter Fang: Die begehrte Rotbarbe trägt eine Basilikumkruste und gart auf einem aromatisch-würzigen Pilzbett mit Oliven

Zutaten

1 Handvoll Basilikumblätter
2 EL weiche Butter
2 EL Weißbrotbrösel
1 EL geriebener Parmesan
Salz · Pfeffer aus der Mühle
4 Knoblauchzehen
200 g Champignons
2 rote Zwiebeln
1 Zweig Rosmarin
80 ml Olivenöl
6 Lorbeerblätter
100 g grüne Oliven (ohne Stein)
Butter für die Form
4 Rotbarben oder Streifenbarben (à ca. 350 g; küchenfertig)

Zubereitung

FÜR 4 PERSONEN

1 Die Basilikumblätter waschen, trocken tupfen und sehr fein hacken. Mit Butter, Bröseln und Parmesan mischen und mit Salz und Pfeffer würzen. 2 Knoblauchzehen schälen, durch die Presse dazudrücken und untermischen.

2 Die Champignons putzen, trocken abreiben und je nach Größe halbieren oder vierteln. Zwiebeln und restlichen Knoblauch schälen, die Zwiebeln in breite Spalten, den Knoblauch in feine Würfel schneiden. Den Rosmarin waschen und trocken tupfen. Den Backofen auf 180 °C vorheizen.

3 Das Olivenöl in einer großen Pfanne erhitzen. Die Champignons, Zwiebeln und Knoblauch, Rosmarinzweig und Lorbeerblätter darin etwa 5 Minuten dünsten. Eine große Auflaufform oder ein tiefes Backblech einfetten und die Pilzmischung mit den Oliven einfüllen.

4 Die Rotbarben innen und außen waschen, mit Küchenpapier trocken tupfen, mit Salz würzen und auf die Pilze legen. Die Basilikum-Butter-Mischung gleichmäßig auf den Fischen verteilen. Die Rotbarben im Backofen auf der mittleren Schiene etwa 20 Minuten goldbraun backen. Mit dem Pilz-Zwiebel-Gemüse auf Tellern anrichten.

Tipp

Meist sind es Streifenbarben, die unter dem Namen Rotbarben angeboten werden – nicht weiter tragisch, denn beide haben ein ganz vorzügliches Fleisch.

Garnelen
in Knoblauchöl

Da lacht das Genießerherz: Garnelen brauchen nicht mehr als ein Bad in Würzöl, um Begeisterungsstürme auszulösen

Zutaten

2 Zucchini

3 Knoblauchzehen

1/2 Bund Basilikum

1 Zweig Rosmarin

2–3 Zweige Thymian

1 rote Chilischote

1 unbehandelte Zitrone

12–16 Riesengarnelen

2–3 EL Mehl

Salz · Pfeffer aus der Mühle

8–10 EL Olivenöl

2 EL Weißweinessig

Zubereitung

FÜR 4 PERSONEN

1 Die Zucchini putzen, waschen und auf dem Gemüsehobel in feine Scheiben hobeln. Den Knoblauch schälen und 2 Zehen in Scheiben schneiden.

2 Basilikum, Rosmarin und Thymian waschen und trocken schütteln. Die Blätter bzw. Nadeln abzupfen, die Basilikumblätter in feine Streifen schneiden. Die Chilischote längs halbieren, entkernen, waschen und in feine Streifen schneiden. Die Zitrone heiß waschen, trocken reiben und in dünne Scheiben schneiden.

3 Die Riesengarnelen aus der Schale lösen, am Rücken entlang einschneiden und den Darm entfernen. Die Garnelen in einem Sieb kalt abbrausen und mit Küchenpapier trocken tupfen. Das Mehl in einen tiefen Teller geben. Die Garnelen mit Salz und Pfeffer würzen und im Mehl wenden.

4 In einer Pfanne 4 EL Olivenöl erhitzen und Rosmarin, Thymian, Knoblauchscheiben und Chilistreifen darin anbraten. Herausnehmen und beiseitestellen. Die Garnelen in der Pfanne im verbliebenen Würzöl auf beiden Seiten etwa 2 Minuten anbraten. Dann 2 Zitronenscheiben hinzufügen und kurz mitbraten, zuletzt den Rosmarin, den Thymian, den Knoblauch und die Chili wieder dazugeben.

5 In einer weiteren Pfanne 2 bis 4 EL Olivenöl erhitzen und die Zucchini darin portionsweise auf beiden Seiten braten. In einer Schüssel 2 EL Olivenöl, Essig und Basilikumstreifen verrühren. Den restlichen Knoblauch durch die Presse dazudrücken und mit Salz und Pfeffer abschmecken. Die Marinade über die gebratenen Zucchini träufeln. Die Zucchini zu den Garnelen servieren, nach Belieben mit Rosmarin garnieren.

Miesmuscheln
in Weißweinsud

Eine besondere Delikatesse: Muscheln sind nicht jedermanns Sache – aber in diesem leichten Sud gegart, überzeugen sie jeden Skeptiker

Zutaten

4 kg Miesmuscheln
3 Zwiebeln (ca. 150 g)
3 Möhren (ca. 250 g)
1 Stange Lauch (ca. 250 g)
1 Bund Petersilie
1 EL Butter
1/4 l trockener Weißwein
Salz · Pfeffer aus der Mühle

Zubereitung

FÜR 4 PERSONEN

1 Die Muscheln sortieren, offene Muscheln unbedingt wegwerfen! Die Muscheln unter fließendem kaltem Wasser sauber bürsten, die Muschelbärte abschneiden. Die Muscheln 20 Minuten in kaltes Wasser legen, damit sie sich vom Sand reinigen.

2 Die Zwiebeln schälen und in feine Würfel schneiden. Die Möhren putzen, schälen und in kleine Würfel schneiden. Den Lauch putzen, waschen und in dünne Ringe schneiden. Die Petersilie waschen und trocken schütteln, die Blätter abzupfen und fein hacken.

3 Die Butter in einem Topf erhitzen und die Zwiebeln darin andünsten. Möhrenwürfel und Lauchringe dazugeben und kurz mitdünsten. Die Petersilie hinzufügen und unterrühren. Den Wein und 1/4 l Wasser dazugießen und den Sud mit Salz und Pfeffer würzen.

4 Die Muscheln in ein Sieb abgießen und gut abtropfen lassen. Den Weißweinsud bei starker Hitze aufkochen lassen, die Muscheln dazugeben und etwa 8 Minuten garen, bis sie sich öffnen. Die Muscheln mit dem Schaumlöffel herausheben und abtropfen lassen. Den Sud etwas einkochen lassen und separat zu den Muscheln servieren. Das Muschelfleisch mit einer leeren Muschelschale herauslösen und den Sud nach Belieben mit geröstetem Weißbrot auftunken.

Tipp

Frische Muscheln sind ungegart geschlossen und öffnen sich erst beim Kochen. Bereits geöffnete Muscheln und solche, die sich beim Garen nicht öffnen, aussortieren – Vergiftungsgefahr!

Garnelencurry
mit Zitronengras

Thai-Food de luxe: Die feinen Schalentiere kommen in Begleitung von Kokosmilch und Zitronengras so richtig zur Geltung

Zutaten

2 Stängel Zitronengras
1 rote Zwiebel
1 Knoblauchzehe
2 grüne Chilischoten
200 g Cocktailtomaten
1 Bund Koriander
250 g Garnelen (küchenfertig)
1 EL Sesamöl
Salz
400 ml Kokosmilch

Zubereitung

FÜR 4 PERSONEN

1 Vom Zitronengras die äußeren Blätter und den oberen trockenen Teil entfernen. Den unteren weißen Teil in feine Ringe schneiden. Die Zwiebel und den Knoblauch schälen und in feine Würfel schneiden. Die Chilischoten längs halbieren, entkernen, waschen und ebenfalls in feine Würfel schneiden.

2 Die Cocktailtomaten waschen und vierteln. Koriander waschen, trocken schütteln und die Blätter abzupfen. Garnelen waschen und trocken tupfen.

3 Das Öl im heißen Wok erhitzen und Zitronengras, Zwiebel, Knoblauch und Chilischoten darin einige Minuten andünsten. Die Garnelen dazugeben und bei starker Hitze 1 bis 2 Minuten unter Rühren braten, salzen und herausnehmen. Die Kokosmilch und Tomaten in den Wok geben und 2 bis 3 Minuten sämig einkochen lassen.

4 Garnelen und Korianderblätter hinzufügen und in der Sauce erhitzen, aber nicht mehr kochen lassen. Das Curry mit Duft- oder Basmatireis servieren.

Tipp

Zitronengras ist eine schilfartige Pflanze. Seinen Namen hat es, weil es beim Zerreiben einen starken Zitronenduft verströmt. In der Küche wird meist der untere helle Teil verwendet.

Fleisch

Spanferkelrollbraten
auf klassische Art

Deftiges von der Rolle: Bei diesem knusprigen Schweinebraten kommen Liebhaber der bayerischen Küche voll auf ihre Kosten

Zutaten

Für den Rollbraten:
0,8–1 kg Spanferkelwammerl (Bauchfleisch; küchenfertig, ohne Knochen)
2–3 EL scharfer Senf
Salz · Pfeffer aus der Mühle
getrockneter Majoran
gemahlener Kümmel
1/4 l Hühnerbrühe

Zubereitung

FÜR 4 PERSONEN

1 Den Backofen auf 160 °C vorheizen. Den Spanferkelbauch auf der Fleischseite mit Senf bestreichen und mit Salz, Pfeffer und je 1 Prise Majoran und Kümmel würzen. Das Bauchfleisch von der Längsseite her einrollen und mit Küchengarn zusammenbinden.

2 Die Brühe in einen Bräter gießen. Den Rollbraten mit der Nahtseite nach unten hineinlegen und im Backofen auf der untersten Schiene zugedeckt etwa 2 Stunden garen.

3 Die Backofentemperatur auf 240 °C Oberhitze erhöhen. Den Bräter herausnehmen. Ein Ofengitter auf die mittlere Schiene und darunter ein Abtropfblech schieben. Den Rollbraten aus dem Bräter nehmen, mit Salz würzen und im Backofen auf dem Ofengitter etwa 30 Minuten kross braten, dabei mehrmals wenden.

4 Zum Servieren das Küchengarn vom Spanferkelrollbraten entfernen und mit einem scharfen Messer oder elektrischen Messer in Scheiben schneiden.

Tipp

Wer es deftig bayerisch möchte, serviert dazu einen Krautsalat und die Bratkartoffeln von S. 110. Dafür dann die Kartoffeln ohne Speck zubereiten. Auch Kartoffelsalat passt bestens dazu.

Schweinebraten
mit Schmorgemüse

Die Schwarte muss krachen: Ob mit oder ohne Kümmel – beim guten alten Sonntagsbraten kommt es auf die Kruste an

Zutaten

1,2 l Hühner- oder Gemüsebrühe
1 1/2 kg Schweinebraten (mit Schwarte)
2 Zwiebeln
1 Möhre
120 g Knollensellerie
1–2 EL Öl
150 ml dunkles Bier (oder trockener Rotwein)
Salz · Pfeffer aus der Mühle

Zubereitung

FÜR 4–6 PERSONEN

1 Den Backofen auf 130 °C vorheizen. 1/2 l Brühe in einen Bräter geben und das Fleisch mit der Schwartenseite nach unten hineinlegen. Im Backofen auf der mittleren Schiene 30 Minuten garen. Das Fleisch aus dem Bräter nehmen und die Schwarte quer zentimeterweise einschneiden (so lässt sich der Braten später ganz leicht in Scheiben zerteilen!). Die Backofentemperatur auf 160 °C erhöhen. Die Brühe in ein Sieb abgießen und beiseitestellen.

2 Zwiebeln, Möhre und Sellerie putzen, schälen und in Würfel schneiden. Das Öl im Bräter erhitzen und das Gemüse darin andünsten. Mit Bier oder Wein ablöschen und etwas einkochen lassen. So viel Brühe dazugießen, dass alles bedeckt ist. Den Schweinebraten mit der Schwarte nach oben auf das Gemüse in den Bräter legen und im Backofen auf der mittleren Schiene gut 2 Stunden garen. Falls nötig, noch Brühe dazugießen und den Braten zwischendurch mit der Flüssigkeit immer wieder bestreichen.

3 Das Fleisch aus dem Bräter nehmen und die Backofentemperatur auf 220 °C Oberhitze erhöhen. Den Braten auf ein Backblech setzen, die Schwarte salzen und nach Belieben mit Kümmel bestreuen. Auf der untersten Schiene 20 bis 30 Minuten knusprig braten.

4 Inzwischen das Gemüse in ein Sieb abgießen, die Sauce in einem Topf auffangen und etwas einköcheln lassen. Das Gemüse wieder dazugeben. Mit Salz und Pfeffer abschmecken. Den Braten in Scheiben schneiden und mit dem Gemüse anrichten. Dazu passen Kartoffelklöße, die Semmelknödel von S. 112 oder Salzkartoffeln.

Schweinefilet
im Blätterteigmantel

Zutaten

250 g Champignons
800 g Schweinefilet · 3 EL Öl
2 Knoblauchzehen
(in feinen Würfeln)
4 Schalotten
(in feinen Würfeln)
2 EL trockener Weißwein
6 EL Gemüsebrühe
200 g Schweinehackfleisch
Salz · Pfeffer aus der Mühle
2 TL getrockneter Thymian
4 Platten Tiefkühl-Blätterteig
(300 g; aufgetaut)
Mehl für die Arbeitsfläche
2 Eigelb · 2 EL Milch

Zubereitung

FÜR 4 PERSONEN

1 Die Pilze putzen und in kleine Würfel schneiden. Das Fleisch in dem Öl rundum anbraten und aus der Pfanne nehmen. Knoblauch, Schalotten und Champignons hineingeben und unter Rühren anbraten. Mit dem Wein ablöschen und die Brühe hinzufügen. Köcheln, bis die Flüssigkeit stark eingekocht ist, und abkühlen lassen.

2 Die Pilzmischung mit dem Hackfleisch mischen und mit Salz, Pfeffer und Thymian würzen. Die Blätterteigränder mit Wasser bestreichen. Die Teigplatten auf der bemehlten Arbeitsfläche längsseitig überlappend auslegen und auf die anderthalbfache Breite ausrollen.

3 Backofen auf 200 °C vorheizen. Hackfleischmasse in der dreifachen Breite des Schweinefilets auf dem Teig verstreichen. Das Filet darauflegen, in den Blätterteig rollen und die Nahtstelle zusammendrücken. Ein Backblech mit Backpapier belegen und den Blätterteig mit der Naht nach unten daraufsetzen. Die Eigelbe mit der Milch verquirlen und den Teig damit bestreichen. Im Backofen auf der untersten Schiene 50 Minuten knusprig backen. Vor dem Anschneiden einige Minuten ruhen lassen.

Frikadellen

mit Kartoffelsalat

Zutaten

Für die Frikadellen:

1 Brötchen (vom Vortag)

1 Zwiebel

Butterschmalz zum Braten

600 g gemischtes Hackfleisch

1 Ei · 1 TL Senf

2 EL gehackte Petersilie

Salz · Pfeffer aus der Mühle

Für den Kartoffelsalat:

800 g festkochende Kartoffeln

Salz · 2 Zwiebeln

200 ml Rinderbrühe

6 EL Weißweinessig

Pfeffer aus der Mühle

Zucker · 4 EL Öl

Zubereitung

FÜR 4 PERSONEN

1 Für die Frikadellen das Brötchen in etwas warmem Wasser einweichen. Zwiebel schälen, in feine Würfel schneiden und in etwas Butterschmalz andünsten. Brötchen ausdrücken, mit Hackfleisch, Ei, Zwiebel, Senf und Petersilie gut mischen. Kräftig mit Salz und Pfeffer würzen.

2 Für den Salat die Kartoffeln waschen und in reichlich Salzwasser garen. Abgießen, ausdampfen und etwas abkühlen lassen, pellen und in Scheiben schneiden. Zwiebeln schälen und in feine Würfel schneiden. Beides mischen.

3 Die Brühe erhitzen, mit Essig, Salz, Pfeffer und 1 Prise Zucker abschmecken und über die Kartoffeln geben. Vorsichtig mischen und den Kartoffelsalat 20 Minuten durchziehen lassen.

4 Mit angefeuchteten Händen aus der Hackfleischmasse kleine Frikadellen formen und im Butterschmalz rundum etwa 10 Minuten goldbraun braten. Das Öl und nach Belieben gehackte Petersilie unter den Kartoffelsalat mischen und den Salat mit den Frikadellen servieren.

Schweinefilet
mit Kartoffelrösti

Nicht nur wenn Gäste kommen: Knusprige Kartoffelrösti und saftige Medaillons ergänzen sich geschmacklich aufs Beste

Zutaten

750 g mehlig kochende Kartoffeln
1 Ei
Salz · Pfeffer aus der Mühle
4–5 EL Butterschmalz
6 Frühlingszwiebeln (ca. 150 g)
800 g Schweinefilet
2 EL Öl
200 g Sahne
150 ml Gemüsebrühe
50 g Crème fraîche
1 TL Dijon-Senf

Zubereitung

FÜR 4 PERSONEN

1 Den Backofen auf 75 °C vorheizen. Die Kartoffeln schälen, waschen und auf der Gemüsereibe grob reiben. In einer Schüssel mit dem Ei mischen und mit Salz und Pfeffer würzen. In einer Pfanne portionsweise je 1 EL Butterschmalz erhitzen, jeweils 3 EL Kartoffelmasse hineingeben, flach streichen und 4 Minuten braten. Die Rösti wenden, 1/2 EL Butterschmalz dazugeben und weitere 4 Minuten braten. Die gebratenen Rösti auf Küchenpapier abtropfen lassen und im Backofen warm halten.

2 Die Frühlingszwiebeln putzen, waschen und in feine Ringe schneiden. Etwa 2 EL grüne Zwiebelringe für die Deko beiseitelegen. Das Schweinefilet in 2 bis 3 cm dicke Scheiben (Medaillons) schneiden.

3 Das Öl in einer Pfanne erhitzen, die Schweinemedaillons darin bei großer Hitze auf beiden Seiten anbraten und herausnehmen. Die Frühlingszwiebelringe ins verbliebene Bratfett geben und darin andünsten. Sahne, Brühe, Crème fraîche und Senf dazugeben und alles kurz aufkochen.

4 Die Medaillons in die Sauce geben und 5 Minuten köcheln lassen, mit Salz und Pfeffer würzen. Die Rösti und die Sauce zu den Schweinemedaillons servieren. Mit den beiseitegelegten Frühlingszwiebelringen garnieren und nach Belieben mit grob gemahlenem buntem Pfeffer bestreuen.

Tipp

Butterschmalz lässt sich stark erhitzen und gibt den Rösti ein feines Butteraroma. Alternativ kann man neutrales Öl zum Braten verwenden, z. B. Sonnenblumen- oder Maiskeimöl.

Kohlrouladen
mit Hackfleischfüllung

Winterzeit ist Kohlzeit: Wenn draußen klirrende Kälte herrscht, kann der Magen ruhig mal etwas Deftiges vertragen

Zutaten

1 Weißkohl (ca. 2 1/2 kg) · Salz
1 Brötchen (vom Vortag)
2 Zwiebeln
1 Bund Petersilie
500 g gemischtes Hackfleisch
1 Ei
Pfeffer aus der Mühle
Paprikapulver (edelsüß)
2 EL Butterschmalz
200 ml Rinderbrühe
1–2 TL Speisestärke

Zubereitung

FÜR 6 PERSONEN

1 Vom Weißkohl die äußeren Blätter entfernen und 24 gleich große Blätter abtrennen. Waschen, in reichlich Salzwasser 1 Minute blanchieren, in Eiswasser abschrecken, abtropfen lassen und trocken tupfen. Die dicken Mittelrippen der Blätter flach schneiden.

2 Für die Füllung das Brötchen in warmem Wasser einweichen. Die Zwiebeln schälen und in feine Würfel schneiden. Die Petersilie waschen und trocken schütteln, die Blätter abzupfen und fein hacken. Das Hackfleisch mit Ei, ausgedrücktem Brötchen, Petersilie und der Hälfte der Zwiebeln verkneten. Mit Salz, Pfeffer und Paprikapulver würzen.

3 Je 2 Kohlblätter aufeinanderlegen. Die Fleischmasse in 12 Portionen teilen und auf die Kohlblätter verteilen. Die Kohlblätter über der Füllung zu Rouladen zusammenschlagen. Mit Küchengarn festbinden oder mit kleinen Holzspießen feststecken.

4 Das Butterschmalz in einem Schmortopf erhitzen und die Rouladen darin rundum 2 bis 3 Minuten kräftig anbraten. Restliche Zwiebelwürfel dazugeben. Mit der Brühe aufgießen und zugedeckt bei schwacher Hitze etwa 40 Minuten schmoren.

5 Die Rouladen herausnehmen und warm halten. Die Sauce durch ein Sieb streichen, eventuell mit Stärke binden. Erneut abschmecken. Die Rouladen mit der Sauce in einer Auflaufform servieren. Dazu passt z. B. Kartoffelpüree.

Tipp

Wer mag, kann noch 100 g Crème fraîche unter die Sauce rühren. Außerdem können noch etwas Kohl, 1 Möhre und 60 g geräucherter Speck (in Würfeln) in der Sauce mitgeschmort werden.

Gyros

mit Zaziki

Zutaten

800 g Schweinefleisch
(aus der Schulter oder Hüfte)
je 1 TL getrockneter Thymian,
Oregano und Majoran
1/2 TL gemahlener Kreuzkümmel
1/2 TL Paprikapulver (edelsüß)
6 EL Olivenöl · 3 Zwiebeln
1/2 Salatgurke · Salz
2 Knoblauchzehen
250 g griechischer Joghurt
1 EL Weißweinessig
1 EL gehackter Dill
Pfeffer aus der Mühle
200 ml Rinderbrühe

Zubereitung

FÜR 4–6 PERSONEN

1 Das Fleisch in Streifen schneiden. Mit Kräutern, Kreuzkümmel, Paprika und Öl mischen. Die Zwiebeln schälen, in dünne Ringe schneiden und in kochendem Wasser kurz blanchieren. Kalt abschrecken, gut abtropfen lassen und unter das Fleisch mischen. Zugedeckt im Kühlschrank 3 bis 4 Stunden marinieren.

2 Für das Zaziki die Gurke schälen und grob raspeln. Mit Salz bestreuen und in einem Sieb 30 Minuten abtropfen lassen. Den Knoblauch schälen und in sehr feine Würfel schneiden. Den Joghurt mit Knoblauch, Essig und Dill in einer Schüssel glatt rühren. Die Gurke gut ausdrücken, unter den Joghurt rühren und das Zaziki mit Salz und Pfeffer abschmecken.

3 Das Fleisch mit Salz und Pfeffer würzen. In einer großen Pfanne rundum kräftig anbraten. Dann bei mittlerer Hitze etwa 10 Minuten unter Rühren braten und aus der Pfanne nehmen. Bratensatz mit Brühe ablöschen, aufkochen, etwas einkochen lassen und nach Belieben mit Speisestärke binden. Das Fleisch wieder dazugeben, 3 bis 4 Minuten köcheln lassen und nochmals abschmecken. Mit Zaziki servieren.

Schweinefleisch süßsauer

mit Paprika und Ananas

Zutaten

400 g Schweinefilet

1 Ei · Salz

5 1/2 EL Zucker

1 EL Worcestersauce

2 TL Sojasauce

1 1/2 EL Reisessig

2 1/2 EL Tomatenketchup

1 Gemüsezwiebel

je 1 rote und gelbe Paprikaschote

1 kleine Ananas

3 1/2 EL Speisestärke

4 EL Öl

Zubereitung

FÜR 4 PERSONEN

1 Das Fleisch in dünne Streifen schneiden. Das Ei in einer großen Schüssel mit 4 EL Wasser, Salz und 1/2 EL Zucker verquirlen. Die Fleischstreifen 10 Minuten darin marinieren. Worcestersauce, Sojasauce, Reisessig, Ketchup und restlichen Zucker zu einer Sauce verrühren.

2 Die Zwiebel schälen und in Streifen schneiden. Die Paprikaschoten längs halbieren, entkernen, waschen und in Rauten oder größere Stücke schneiden. Die Ananas vierteln, schälen und den Strunk herausschneiden, Fruchtfleisch in Stücke schneiden. Das Fleisch aus der Marinade nehmen und mit 2 EL Speisestärke mischen.

3 Im Wok oder in einer breiten Pfanne 3 EL Öl erhitzen und das Fleisch darin unter Rühren rundum anbraten. Fleisch herausnehmen und restliches Öl erhitzen, Zwiebel, Paprika und Ananas darin anbraten. Wieder herausnehmen. Die vorbereitete Ketchupsauce in den Wok gießen und einmal aufkochen lassen. Die restliche Stärke in 1/4 l kaltem Wasser glatt rühren, in die Sauce geben und aufkochen lassen. Das Fleisch, das Gemüse und die Ananas dazugeben, kurz erwärmen und mit Salz abschmecken.

Kalbshaxe
auf Wurzelgemüse

Richtig zünftig: Ob im Biergarten oder auf der Sonntagstafel – die saftig geschmorte Haxe findet überall glühende Verehrer

Zutaten

2 Zwiebeln
8 Schalotten
1 Zweig Rosmarin
1 Kalbshaxe (2 kg; küchenfertig; mit Knochen)
Salz · Pfeffer aus der Mühle
2 EL Öl
1/2 l Kalbsfond (oder Rinderbrühe)
6 junge Möhren
250 g Knollensellerie
1 Lorbeerblatt
200 ml trockener Weißwein
2 EL Sherry (medium)

Zubereitung

FÜR 4–6 PERSONEN

1 Den Backofen auf 200 °C vorheizen. Die Zwiebeln und die Schalotten schälen, die Zwiebeln vierteln. Den Rosmarin waschen und trocken tupfen, die Nadeln abzupfen und grob hacken. Die Kalbshaxe kräftig mit Salz, Pfeffer und dem gehackten Rosmarin einreiben.

2 Das Öl in einem Bräter erhitzen. Die Zwiebeln und Schalotten darin andünsten. Die Haxe dazugeben, rundum anbraten und im Backofen etwa 30 Minuten garen. Den Fond dazugießen und die Temperatur auf 160 °C herunterschalten. Die Haxe zugedeckt weitere 2 1/4 Stunden garen, dabei immer wieder mit Fond begießen.

3 Die Möhren und den Sellerie putzen und schälen, den Sellerie in grobe Stücke schneiden. Nach etwa 1 1/2 Stunden Garzeit Möhren, Sellerie, Lorbeerblatt und den Wein zur Kalbshaxe in den Bräter geben und weiterschmoren. Die Haxe ist gar, wenn beim Einstechen klarer Saft austritt und sich das Fleisch merklich vom Knochen löst.

4 Die Kalbshaxe herausheben und auf einer Platte anrichten. Das Gemüse mit dem Schaumlöffel aus dem Fond heben und zum Fleisch legen. Den Fond durch ein Sieb in einen Topf gießen und mit dem Sherry kurz aufkochen. Mit Salz und Pfeffer abschmecken. Das Fleisch vom Knochen lösen und in Scheiben schneiden. Mit der Sauce und dem Gemüse servieren. Dazu passen Kartoffeln und Klöße aller Art.

Tipp

Für noch mehr Aroma geben Sie 1 TL abgeriebene unbehandelte Zitronenschale und 1/2 TL Ingwerpulver mit in die Sauce. 1 bis 2 durchgedrückte Knoblauchzehen sorgen für zusätzliche Würze.

Gefüllte Kalbsbrust

mit Gemüse

Die inneren Werte zählen: Ein Kern aus Kartoffeln und Pistazien macht aus der Kalbsbrust ein leckeres kleines Kunstwerk

Zutaten

300 g festkochende Kartoffeln
Salz
100 g Champignons
1 Zwiebel
4 Knoblauchzehen
4 EL zerlassene Butter
1 Bund Petersilie
2 Brötchen (vom Vortag)
2 EL getrockneter Majoran
50 g Pistazienkerne
Pfeffer aus der Mühle
60 g Sahne · 2 Eier
1 Kalbsbrust (ca. 2 kg)
2 EL Öl
400 ml Rinderbrühe
100 ml trockener Weißwein
1 Stange Lauch
1 Möhre
100 g Knollensellerie
6 Schalotten · 2 Tomaten
1 Lorbeerblatt
Zucker

Zubereitung

FÜR 6–8 PERSONEN

1 Die Kartoffeln schälen, waschen und in Würfel schneiden. In kochendem Salzwasser 5 Minuten vorgaren und gut abtropfen lassen. Die Pilze putzen, trocken abreiben und grob hacken. Die Zwiebel und 1 Knoblauchzehe schälen und in feine Würfel schneiden. In 2 EL Butter andünsten, die Pilze dazugeben und mitdünsten, bis sie fast gar sind.

2 Die Petersilie waschen, trocken schütteln, die Blätter abzupfen und fein hacken. Die Brötchen in Würfel schneiden und mit Petersilie, 1 EL Majoran, Pistazien, Kartoffeln und der Pilzmischung vermengen. Mit Salz und Pfeffer kräftig würzen. Sahne und Eier verquirlen und über die Masse gießen. Gut durchmischen und 10 Minuten ziehen lassen.

3 Den Backofen auf 220 °C vorheizen. Mit einem scharfen Messer vorsichtig eine Tasche in die Kalbsbrust schneiden. Die Tasche mit der Kartoffelmasse füllen und mit Küchengarn zunähen. Im Öl im Bräter rundum anbraten, mit der restlichen Butter einpinseln und mit Salz und Pfeffer würzen. Im Backofen 15 Minuten braten, die Temperatur auf 180 °C herunterschalten, die Brühe und den Wein angießen. 2 Stunden schmoren, dabei gelegentlich mit dem Fond begießen.

4 Den Lauch putzen und waschen. Möhre, Sellerie und Schalotten schälen, die Tomaten waschen. Das Gemüse grob zerkleinern. Nach 1 1/2 Stunden Garzeit mit dem Lorbeerblatt, dem restlichen Majoran und den restlichen ungeschälten Knoblauchzehen zum Fleisch geben und weiterschmoren.

5 Die fertige Kalbsbrust auf ein Backblech setzen und 30 Minuten im ausgeschalteten Backofen ruhen lassen. Das Gemüse aus dem Bräter heben und zugedeckt warm stellen. Die Flüssigkeit im Bräter auf dem Herd etwas einkochen lassen. Mit Salz, Pfeffer und Zucker abschmecken. Das Fleisch in dicke Scheiben schneiden. Mit dem Gemüse und der Sauce servieren.

Ossobuco
mit Cocktailtomaten

Italienische Hausmannskost: Das in würziger Sauce geschmorte Kalbfleisch ist nicht nur zum Risotto alla milanese ein guter Begleiter

Zutaten

4 Kalbshaxenscheiben (3–4 cm dick)
Salz · Pfeffer aus der Mühle
5 Tomaten
4 rote Zwiebeln
6 Knoblauchzehen
4 Zweige Rosmarin
7 EL Olivenöl
1 Schuss trockener Weißwein
400 ml Rinderbrühe
8 vorwiegend festkochende Kartoffeln
4 Möhren
1 Bund Frühlingszwiebeln
12 Cocktailtomaten
Meersalz
50 g getrocknete Tomaten

Zubereitung

FÜR 4 PERSONEN

1 Kalbfleisch waschen, trocken tupfen und mit Salz und Pfeffer würzen. Tomaten waschen, vierteln und entkernen, Tomatenviertel in Stücke schneiden. 2 rote Zwiebeln schälen und in feine Würfel schneiden. Knoblauch schälen und mit dem Messer zerdrücken. Rosmarin waschen und trocken schütteln.

2 Den Backofen auf 140 °C vorheizen. Die Kalbshaxenscheiben in einem Bräter in 2 EL Olivenöl auf beiden Seiten anbraten und herausnehmen. Die Zwiebeln ins Öl geben und anbraten, die Tomaten hinzufügen und mit Wein ablöschen. Den Knoblauch, 3 Rosmarinzweige, die Haxenscheiben sowie die Brühe dazugeben und zugedeckt im Backofen 2 1/2 Stunden garen.

3 Die Kartoffeln schälen, waschen und in Salzwasser garen. Die restlichen Zwiebeln schälen, halbieren und in feine Würfel schneiden. Möhren putzen, schälen und in dicke Scheiben schneiden. Frühlingszwiebeln putzen, waschen und in etwa 4 cm lange Stücke schneiden. Zwiebeln in 1 EL Öl andünsten, Möhren und Frühlingszwiebeln dazugeben und kurz mitdünsten. Mit etwas Wasser ablöschen und zugedeckt fertig garen. Inzwischen die Cocktailtomaten waschen und halbieren. Die restlichen Rosmarinnadeln abzupfen. Die Cocktailtomaten mit dem Rosmarin, 2 EL Olivenöl und Meersalz mischen, in eine Auflaufform geben und im Backofen 10 Minuten schmoren.

4 Das Kalbfleisch aus dem Bräter nehmen. Das mitgeschmorte Gemüse samt Sauce durch ein grobes Sieb streichen, 1 EL Olivenöl und, falls nötig, etwas Wasser dazugeben und mit Salz und Pfeffer würzen. Die Sauce nochmals erhitzen. Die getrockneten Tomaten fein hacken. Die gegarten Kartoffeln mit einer Gabel zerdrücken. Auf Teller geben, mit etwas Salz bestreuen, die getrockneten Tomaten darübergeben und mit dem restlichen Olivenöl beträufeln. Kalbshaxenscheiben, Möhren-Zwiebel-Gemüse und Cocktailtomaten darauf anrichten und die passierte Sauce rundum angießen.

Kalbsschnitzel
mit Zitronensauce

Schnell gezaubert: Mediterrane Aromen verwöhnen den Gaumen, Zitronensauce garantiert den extra Frischekick

Zutaten

4 dünne Kalbsschnitzel (à 100 g)
2 Zitronen (davon 1 unbehandelt)
8 Knoblauchzehen
2 EL Olivenöl
2 Zweige Rosmarin
Salz · Pfeffer aus der Mühle
30 g Parmesan (am Stück)

Zubereitung

FÜR 4 PERSONEN

1 Die Schnitzel vorsichtig flach klopfen und quer halbieren. Die unbehandelte Zitrone heiß waschen, trocken reiben und in feine Scheiben schneiden. Die zweite Zitrone auspressen.

2 Den Backofengrill einschalten. 2 Knoblauchzehen schälen und in feine Würfel schneiden, die restlichen Zehen ungeschält lassen. Das Olivenöl in einer Pfanne erhitzen und die Knoblauchwürfel darin andünsten. Den Knoblauch aus der Pfanne nehmen und die Schnitzel darin auf beiden Seiten 2 Minuten anbraten.

3 Den Rosmarin waschen, trocken schütteln und grob zerteilen. Mit dem ungeschälten Knoblauch und den Zitronenscheiben in eine Auflaufform geben. Die Schnitzel darauflegen, mit dem Zitronensaft beträufeln und mit Salz und Pfeffer würzen.

4 Den Parmesan fein reiben und über die Schnitzel streuen. Die Kalbsschnitzel unter dem Grill etwa 5 Minuten überbacken, bis die Oberfläche goldbraun und knusprig ist. Nach Belieben mit Weißbrot und Salat servieren.

Tipp

Dieses Gericht lässt sich auch gut mit Hähnchen- oder Putenbrust zubereiten. Kaufen Sie dafür das Fleisch am Stück und schneiden daraus quer zur Faser etwa 1 cm dicke Schnitzel.

Königsberger Klopse

mit Kalbshackfleisch

Zutaten

2 Brötchen (vom Vortag)

1/8 l lauwarme Milch

1 große Zwiebel

3 eingelegte Sardellenfilets

1/2 Bund Petersilie · 2–3 EL Butter

500 g Kalbshackfleisch · 1 Ei

Salz · Pfeffer aus der Mühle

1 l Rinderbrühe · 1 EL Mehl

125 g Sahne

1/8 l trockener Weißwein

2 EL Zitronensaft

2 EL eingelegte Kapern

Zucker · 1 Eigelb

Zubereitung

FÜR 4 PERSONEN

1 Die Brötchen in der Milch einweichen. Die Zwiebel schälen und in feine Würfel schneiden. Die Sardellenfilets fein hacken. Die Petersilie waschen und trocken schütteln, die Blätter abzupfen und ebenfalls fein hacken.

2 In einer Pfanne 1 EL Butter erhitzen und die Zwiebel darin andünsten. Die Brötchen ausdrücken, mit dem Hackfleisch, Ei, Sardellen, gedünsteten Zwiebelwürfeln und Petersilie zu einem Teig vermischen. Mit Salz und Pfeffer würzen und zu 20 kleinen Klopsen formen.

3 Die Brühe in einem Topf aufkochen und die Klopse darin bei mittlerer Hitze 10 Minuten gar ziehen lassen. Mit dem Schaumlöffel herausnehmen und von der Brühe 350 ml abmessen.

4 Die restliche Butter in einem Topf erhitzen und das Mehl darin anschwitzen. Nach und nach die abgenommene Kochbrühe unterrühren und aufkochen. 100 g Sahne, Wein, Zitronensaft und Kapern unterrühren. Mit Salz, Pfeffer und 1 Prise Zucker würzen. Das Eigelb mit der restlichen Sahne verquirlen und unter die nicht mehr kochende Sauce rühren. Die Klopse mit der Sauce anrichten. Dazu passen Salzkartoffeln.

Kalbsleber
mit Äpfeln und Zwiebeln

Zutaten

500–600 g Kalbsleber
(in Scheiben)
Pfeffer aus der Mühle
2 EL Mehl
2 säuerliche Äpfel
(z. B. Boskop)
1 EL Zitronensaft
4 Zwiebeln
4 EL Butter
Salz

Zubereitung

FÜR 4 PERSONEN

1 Die Leber putzen – d. h. Häutchen und Sehnen entfernen –, waschen und trocken tupfen. Die Leber mit Pfeffer würzen und im Mehl wenden, überschüssiges Mehl abklopfen.

2 Die Äpfel nach Belieben schälen und das Kerngehäuse ausstechen. Die Äpfel in etwa 8 mm dicke Scheiben schneiden und mit Zitronensaft beträufeln, damit sie nicht braun werden. Die Zwiebeln schälen, längs halbieren und in Streifen schneiden. Backofen auf 75 °C vorheizen.

3 In einer Pfanne 2 EL Butter erhitzen, die Leber darin auf beiden Seiten etwa 3 Minuten braten und herausnehmen. Mit Salz würzen und im Backofen warm halten.

4 Die restliche Butter in die Pfanne geben, die Apfelscheiben darin auf beiden Seiten goldgelb braten. Herausnehmen und die Zwiebelstreifen im verbliebenen Bratfett goldbraun anrösten. Die Leber mit den Zwiebeln und den Apfelringen servieren. Dazu passt Kartoffelpüree.

Wiener Schnitzel
mit Gurkensalat

Wahre Genießer wissen es längst: Das echte Wiener Schnitzel ist aus Kalbfleisch – alles andere ist eine Mogelpackung

Zutaten

1 große Salatgurke
(ca. 600 g)
Salz
2–3 Frühlingszwiebeln
1 unbehandelte Zitrone
7 EL Öl · Zucker
Pfeffer aus der Mühle
ca. 4 EL Mehl
ca. 150 g Paniermehl
2 Eier
4 Kalbsschnitzel (à ca. 200 g)
4 EL Butter
1 Zitrone (in Spalten)

Zubereitung

FÜR 4 PERSONEN

1 Die Salatgurke waschen, längs halbieren und mit einem Teelöffel die Kerne entfernen. Die Gurkenhälften quer in Scheiben schneiden, in einer Schüssel mit 1/2 TL Salz mischen und 30 Minuten ziehen lassen. Inzwischen die Frühlingszwiebeln putzen, waschen und in 5 cm lange, feine Streifen schneiden. Die Zitrone heiß waschen, trocken reiben und 1 TL Schale fein abreiben. Eine Zitronenhälfte auspressen, die andere für die Deko in Spalten schneiden.

2 Die Gurkenscheiben in einem Sieb kalt abbrausen und gut abtropfen lassen. Mit den Frühlingszwiebelstreifen, 1 bis 2 EL Zitronensaft und 3 EL Öl in einer Schüssel mischen. Den Salat mit Zitronenschale, Zucker, Pfeffer und Salz würzen.

3 Das Mehl und das Paniermehl jeweils in tiefe Teller geben. Die Eier ebenfalls in einem tiefen Teller verquirlen. Die Kalbsschnitzel zwischen zwei Lagen Frischhaltefolie mit einem Messer plattieren (flach klopfen), mit Salz und Pfeffer würzen und im Mehl wenden. Die Schnitzel dann nacheinander durch das verquirlte Ei ziehen und zuletzt im Paniermehl wenden.

4 In einer Pfanne portionsweise 2 EL Öl erhitzen und darin je 2 Schnitzel auf einer Seite goldbraun braten. Die Schnitzel dann jeweils wenden, 2 EL Butter dazugeben und auf der zweiten Seite ebenfalls goldbraun braten. Auf Küchenpapier abtropfen lassen, gebackene Schnitzel warm halten. Die Wiener Schnitzel mit Gurkensalat und Zitronenspalten servieren.

Tipp

Am besten lässt man sich die Schnitzel schon vom Fleischer flach klopfen. Die Panade wird beim Braten schön wellig, wenn man 1 EL geschlagene Sahne unter die verquirlten Eier rührt.

Bœuf bourguignon
mit Bandnudeln

Dinieren wie Gott in Frankreich: Das Burgunder Nationalgericht erhält seine Würze durch Zwiebeln, Speck und langes Schmoren

Zutaten

800 g Rindfleisch
3–4 EL Olivenöl
3 EL Tomatenmark
1/2 l trockener Rotwein
1/4 l Rinderbrühe
Salz · Pfeffer aus der Mühle
2 Knoblauchzehen
1 TL getrockneter Thymian
1 Lorbeerblatt
400 g Schalotten
1 geh. EL Mehl
1–2 EL weiche Butter
400 g Champignons
400 g Tagliatelle
80 g Frühstücksspeck (Bacon)

Zubereitung

FÜR 4 PERSONEN

1 Den Backofen auf 180 °C vorheizen. Das Fleisch in Würfel schneiden. Das Olivenöl in einem Bräter erhitzen und das Fleisch darin portionsweise rundum knusprig anbraten. Das gesamte Fleisch in den Bräter geben, das Tomatenmark, den Wein und die Brühe hinzufügen und mit Salz und Pfeffer würzen. Den Knoblauch schälen und halbieren. Mit dem Thymian und dem Lorbeerblatt zum Fleisch in den Bräter geben und alles im Backofen auf der mittleren Schiene zugedeckt 1 Stunde schmoren.

2 Die Schalotten schälen, je nach Größe ganz lassen oder der Länge nach halbieren. Das Mehl in einer kleinen Schüssel mit der Butter verkneten. Die Schalotten und die Mehlbutter unter das Fleisch rühren und alles im Backofen offen 1 Stunde weiterschmoren lassen.

3 Die Champignons putzen, trocken abreiben und je nach Größe ganz lassen oder halbieren. Die Pilze zum Fleisch geben und zugedeckt weitere 30 Minuten garen.

4 Inzwischen die Tagliatelle nach Packungsanweisung in reichlich kochendem Salzwasser bissfest garen, in ein Sieb abgießen und abtropfen lassen. Den Speck quer in feine Streifen schneiden und in einer beschichteten Pfanne ohne Fett knusprig braten. Herausnehmen und auf Küchenpapier abtropfen lassen. Das Bœuf bourguignon mit dem Speck und den Bandnudeln auf Tellern anrichten.

Tipp

Eine frische, leicht fruchtige Note bekommt das Schmorgericht, wenn man etwas Crème fraîche und etwa 1/2 TL fein abgeriebene unbehandelte Orangenschale unterrührt.

Rindergulasch

mit Serviettenknödeln

Was lange währt, wird richtig gut: Etwas Geduld braucht man bei der Zubereitung, dafür wird man aber aufs Feinste belohnt

Zutaten

Für die Serviettenknödel:

2 Brötchen · 1/4 l Milch

1/2 Würfel Hefe (21 g)

Zucker · Salz · 1 Ei

500 g Mehl

Für das Gulasch:

600 g Rinderschulter (ohne Knochen)

Salz · Pfeffer aus der Mühle

300 g Zwiebeln

200 g Schalotten

6 EL Öl

2 EL Paprikapulver (edelsüß)

1 TL Paprikapulver (rosenscharf)

1 TL ganzer Kümmel

2 EL Tomatenmark

300 ml trockener Rotwein

200 ml Gemüsefond

1 Bund Majoran

Außerdem:

200 g Schmand

1 TL gemahlener Kümmel · Salz

Zubereitung

FÜR 4 PERSONEN

1 Für die Knödel die Brötchen in Würfel schneiden. Die Milch erwärmen und die Brötchen darin einweichen. Die Hefe, 1 Prise Zucker, 1 TL Salz und das Ei unter die Brotmasse rühren. Das Mehl in eine Schüssel sieben und mit dem Brot-Hefe-Gemisch zu einem Teig verarbeiten. Mit einem Küchentuch zudecken und an einem warmen Ort 40 Minuten gehen lassen. Den Teig halbieren und zu Brotlaiben formen. Erneut 20 Minuten gehen lassen. Den Backofen auf 120 °C vorheizen.

2 Für das Gulasch das Rindfleisch in 2 1/2 cm große Würfel schneiden und mit Salz und Pfeffer einreiben. Die Zwiebeln schälen und in feine Würfel schneiden. Die Schalotten schälen und ganz lassen. Das Fleisch in zwei Portionen in einem Bräter in jeweils 2 EL Öl rundum anbraten. Die beiden Zwiebelsorten im restlichen Öl hellbraun anbraten. Fleisch, Paprikapulver, Kümmel und Tomatenmark dazugeben. Mit dem Wein und dem Fond ablöschen.

3 Den Majoran waschen und trocken schütteln. Als Sträußchen gebunden dazugeben. Das Gulasch im Backofen zugedeckt 2 1/2 Stunden schmoren.

4 Zwei Stoffservietten mit Wasser befeuchten. Den Teig zu Rollen formen und locker in den Servietten einschlagen. Die Enden mit Küchengarn zusammenbinden. Reichlich Salzwasser zum Kochen bringen und die Serviettenknödel hineingeben. Etwa 25 Minuten leicht köcheln lassen, dabei gelegentlich wenden. Herausnehmen und abtropfen lassen. Die Knödel aus der Serviette rollen und mit Küchengarn oder einem scharfen Messer in Scheiben schneiden.

5 Den Schmand mit Kümmel und Salz abschmecken. Das Gulasch mit den Knödelscheiben auf Teller verteilen und mit einem Klecks Kümmelschmand garnieren.

Sauerbraten
mit Rosinen

Zutaten

$1\,^1/_2$ kg Rinderschmorbraten
2 Zwiebeln
4 Gewürznelken
1 Bund Suppengemüse
300 ml trockener Rotwein
150 ml Weißweinessig
1 Lorbeerblatt
1 TL schwarze Pfefferkörner
1 TL Wacholderbeeren
4 EL Butterschmalz
$^1/_4$ l Rinderbrühe
4 EL Rosinen
Salz · Pfeffer aus der Mühle
Zucker

Zubereitung

FÜR 6 PERSONEN

1 Das Fleisch mit Küchengarn zusammenbinden. Die Zwiebeln schälen und mit den Nelken spicken. Das Suppengemüse putzen, waschen bzw. schälen und in grobe Stücke schneiden.

2 Wein, $1\,^1/_2$ l Wasser, Essig und die Gewürze in einem Topf aufkochen und abkühlen lassen. Das Fleisch in eine Schüssel legen, Zwiebeln und Gemüse dazugeben und mit dem Sud übergießen. Zugedeckt im Kühlschrank 2 bis 3 Tage marinieren lassen, dabei gelegentlich wenden.

3 Das Fleisch aus der Marinade nehmen und trocken tupfen. In einem Bräter im Butterschmalz rundum anbraten. Mit der Brühe ablöschen und bei mittlerer Hitze 2 Stunden schmoren. Das Fleisch herausnehmen, in Alufolie wickeln und 10 Minuten ruhen lassen.

4 Für die Sauce die Marinade durch ein Sieb gießen. $^1/_8$ l Marinade zur Schmorflüssigkeit geben. Die Rosinen hinzufügen und aufkochen lassen. Mit Salz, Pfeffer und Zucker abschmecken und nach Belieben mit Speisestärke binden. Dazu passen Kartoffelklöße und Rotkohl.

Gesottenes Rindfleisch
auf Wurzelgemüse

Zutaten

1 kg Rinderfilet
Salz
12 kleine festkochende Kartoffeln
2 Petersilienwurzeln
2 Möhren
1 Stange Lauch
1 Bund Thymian
1/2 TL schwarze Pfefferkörner
1 Lorbeerblatt
3 Wacholderbeeren
2 Gewürznelken
Pfeffer aus der Mühle
1/4 Meerrettichwurzel

Zubereitung

FÜR 4 PERSONEN

1 Das Rinderfilet in einen Topf geben, mit Wasser bedecken, leicht salzen und langsam aufkochen lassen. Knapp unter dem Siedepunkt etwa 1 1/2 Stunden ziehen lassen, dabei den aufsteigenden Schaum abschöpfen.

2 Die Kartoffeln schälen, waschen und vierteln. Die Petersilienwurzeln und die Möhren putzen, schälen und schräg in Scheiben schneiden. Den Lauch putzen, waschen und in Ringe schneiden. Den Thymian waschen und trocken schütteln.

3 Nach 1 Stunde Garzeit das Gemüse, die Gewürze und den Thymian zum Fleisch in die Brühe geben und alles weiter ziehen lassen.

4 Das Fleisch aus der Brühe nehmen und etwas ruhen lassen. Das Gemüse auf die Teller verteilen. Das Filet in Scheiben schneiden, darauf anrichten und mit Salz und Pfeffer würzen. Den Meerrettich schälen und über das Fleisch reiben. Mit dem Thymian garniert servieren. Die würzige Brühe durch ein Sieb gießen und als Grundlage für eine klare Suppe verwenden.

Tafelspitz mit Apfelmeerrettich und Schnittlauchsauce

Das Beste vom Rind: Tafelspitz gehört zu Österreichs Kultgerichten – entscheidend fürs Gelingen ist die Wahl des richtigen Fleischstücks

Zutaten

Für den Tafelspitz:
1 Zwiebel · Salz
ca. 1 1/2 kg Tafelspitz
1 Lorbeerblatt
1 EL schwarze Pfefferkörner
2 Möhren · 1 Petersilienwurzel
ca. 100 g Knollensellerie
1 Stange Lauch

Für die Schnittlauchsauce:
150 g Crème fraîche
4–5 EL Naturjoghurt
100 g Sahne
2 hart gekochte Eier
1 Bund Schnittlauch
Salz · Pfeffer aus der Mühle

Für den Apfelmeerrettich:
3 säuerliche Äpfel
(z.B. Boskop)
3 EL Zitronensaft
Zucker · 1 EL Butter
1–2 EL geriebener Meerrettich
Salz

Zubereitung

FÜR 4 PERSONEN

1 Für den Tafelspitz die Zwiebel schälen, halbieren und die Schnittflächen in einem trockenen heißen Topf anrösten. Wieder herausnehmen. Etwa 3 l Wasser mit 1 TL Salz zum Kochen bringen. Das Fleisch mit dem Lorbeerblatt, den gebräunten Zwiebelhälften und Pfefferkörnern dazugeben. Falls nötig, noch Wasser dazugeben, das Fleisch sollte bedeckt sein. Den Tafelspitz zugedeckt bei schwacher Hitze 1 1/2 bis 2 Stunden mehr ziehen als köcheln lassen, dabei den aufsteigenden Schaum abschöpfen.

2 Die Möhren, die Petersilienwurzel und den Sellerie putzen, schälen und in Stücke oder Stifte schneiden. Den Lauch putzen, waschen und klein schneiden. 30 Minuten vor Ende der Garzeit das Gemüse zum Fleisch geben.

3 Für die Schnittlauchsauce die Crème fraîche mit Joghurt und Sahne glatt rühren. Die Eier fein hacken. Den Schnittlauch waschen, trocken schütteln und in Röllchen schneiden. Beides unter die Sauce mischen. Mit Salz und Pfeffer würzen.

4 Für den Apfelmeerrettich die Äpfel schälen, vierteln und die Kerngehäuse entfernen. Die Apfelviertel in Würfel schneiden und mit dem Zitronensaft mischen. Mit 1 Prise Zucker in der Butter etwa 5 Minuten weich dünsten. Die Äpfel zerdrücken oder mit dem Stabmixer pürieren, mit dem Meerrettich mischen und mit Salz würzen.

5 Das Fleisch aus der Brühe nehmen, kurz ruhen lassen und quer zur Faser in Scheiben schneiden. Das Fleisch mit Schnittlauchsauce und Apfelmeerrettich anrichten und servieren. Dazu passen Bratkartoffeln oder Bouillonkartoffeln. Sie können den Tafelspitz auch – wie in Österreich – mit Brühe und dem Gemüse servieren.

Rosa Roastbeef

mit mariniertem Gemüse

Grünes Aromawunder: Das Basilikum überträgt seine feine Würze beim Garen auf das Fleisch und gibt ihm so eine neue Frische

Zutaten

600 g Roastbeef
Meersalz
Pfeffer aus der Mühle
4 EL Olivenöl
1 EL mittelscharfer Senf
2 Bund Basilikum
6 Schalotten
2 Möhren
je 1 rote und gelbe Paprikaschote
$1/2$ Bund Frühlingszwiebeln
12 Cocktailtomaten
200 ml Gemüsebrühe
Salz
Kräuteressig zum Abschmecken
1 EL gehackte Petersilie

Zubereitung

FÜR 4 PERSONEN

1 Das Roastbeef mit Meersalz und Pfeffer kräftig würzen. In einer Pfanne 2 EL Olivenöl erhitzen und das Roastbeef darin rundum scharf anbraten. Das Fleisch aus der Pfanne nehmen, etwas abkühlen lassen, dünn mit Senf bestreichen und nochmals mit Pfeffer würzen. Den Backofen auf 90 °C vorheizen.

2 Das Basilikum waschen, trocken schütteln und die Blätter abzupfen. Die Hälfte der Blätter auf einen großen Bogen Alufolie geben. Das Roastbeef auf die Basilikumblätter legen und die restlichen Blätter darauf verteilen. Das Fleisch in die Alufolie wickeln, gut verschließen und auf ein Backblech legen. Im Backofen auf der mittleren Schiene etwa 2 $1/4$ Stunden rosa garen.

3 Inzwischen die Schalotten schälen und vierteln. Die Möhren putzen, schälen, längs halbieren und die Hälften schräg in 1 cm dicke Scheiben schneiden. Die Paprikaschoten längs halbieren, entkernen, waschen und in Rauten schneiden. Die Frühlingszwiebeln putzen, waschen und in 1 cm breite Ringe schneiden. Die Cocktailtomaten waschen.

4 Die Schalotten im restlichen Olivenöl andünsten. Die Möhrenscheiben und die Paprikarauten dazugeben und etwa 3 Minuten mitdünsten. Mit der Brühe ablöschen und zugedeckt bei mittlerer Hitze garen. Wenn die Möhren fast gar sind, die Cocktailtomaten und die Frühlingszwiebeln dazugeben. Das Gemüse mit Salz und Pfeffer würzen und zugedeckt bei mittlerer Hitze nochmals 1 bis 2 Minuten dünsten. Vom Herd nehmen und offen stehen lassen.

5 Das Gemüse mit dem Essig abschmecken und die Petersilie untermischen. Das Roastbeef aus der Folie nehmen und das Basilikum dabei entfernen. Das Fleisch in 2 cm dicke Scheiben schneiden und nochmals mit Meersalz und Pfeffer würzen. Mit dem lauwarmen Gemüse servieren. Dazu passt Aioli.

Rinderrouladen

mit Zwiebel-Speck-Füllung

Ein Fest für Nostalgiker: Wenn gefüllte Fleischröllchen auf den Tisch kommen, werden kulinarische Kindheitserinnerungen wach

Zutaten

4 Scheiben Rinderrouladen (à ca. 180 g)
Salz · Pfeffer aus der Mühle
1 EL mittelscharfer Senf
8 kleine Gewürzgurken
2 Zwiebeln
4 Scheiben Frühstücksspeck (Bacon)
1 EL Mehl
2 EL Butterschmalz
1 EL Tomatenmark
1 EL Paprikapulver (edelsüß)
$1/2$ l Rinderbrühe
je 300 g Möhren und Schalotten
2 EL kalte Butter

Zubereitung

FÜR 4 PERSONEN

1 Das Fleisch etwas flach klopfen, leicht mit Salz und Pfeffer würzen und mit Senf bestreichen. Die Gurken längs in Scheiben schneiden. Die Zwiebeln schälen und längs in Spalten schneiden. Die Rouladen mit Speck, Zwiebeln und Gurken belegen und von der schmalen Seite her fest aufrollen. Die Enden mit Rouladennadeln oder kleinen Holzspießen feststecken. Die Rouladen mit dem Mehl bestäuben und in einem Schmortopf im Butterschmalz rundum anbraten.

2 Tomatenmark und Paprikapulver dazugeben und kurz mitbraten. Mit der Brühe ablöschen und die Rouladen zugedeckt bei schwacher Hitze etwa $1\,1/4$ Stunden schmoren lassen.

3 Die Möhren putzen, schälen, längs halbieren und schräg in Scheiben schneiden. Die Schalotten schälen und längs halbieren. Möhren und Schalotten in den letzten 25 Minuten zu den Rouladen geben und mitschmoren.

4 Die Rouladen herausnehmen und warm halten. Die Sauce durch ein Sieb gießen, in einen kleinen Topf umfüllen und auf etwa 300 ml einkochen lassen. Die kalte Butter in Stückchen mit dem Schneebesen unterschlagen. Mit Salz und Pfeffer abschmecken. Rouladen und Gemüse noch mal kurz in der Sauce erwärmen. Die Rouladen mit der Sauce und dem Gemüse anrichten. Dazu passen Kartoffelpüree und Rotkohl.

Tipp

Gurken, Zwiebeln und Speck sind die klassische Füllung für Rouladen. Man kann die Rouladen aber auch mit einer Füllung aus gedünsteten Pilzen, Speck, Zwiebeln und Kräutern zubereiten.

Hüftsteak

mit Zuckerschoten

Zutaten

1 kg mehlig kochende Kartoffeln

Salz

200 ml Milch

50 g Butter

Pfeffer aus der Mühle

frisch geriebene Muskatnuss

3 Zweige Rosmarin

4 Hüftsteaks (à ca. 200 g)

2 EL Butterschmalz

500 g Zuckerschoten

Zubereitung

FÜR 4 PERSONEN

1 Die Kartoffeln schälen, waschen, klein schneiden und in reichlich Salzwasser etwa 20 Minuten garen. Die Milch aufkochen. Kartoffeln abgießen und mit Milch und Butter zerstampfen. Mit Salz, Pfeffer und Muskatnuss würzen.

2 Den Rosmarin waschen, trocken schütteln und die Zweige grob zerteilen. Die Steaks mit Salz und Pfeffer würzen. Im Butterschmalz mit dem Rosmarin auf beiden Seiten je nach Vorliebe 3 bis 5 Minuten braten. Die Steaks in Alufolie wickeln und einige Minuten ruhen lassen.

3 Inzwischen die Zuckerschoten putzen, waschen und in kochendem Salzwasser etwa 4 Minuten blanchieren. Abgießen und abtropfen lassen.

4 Das Kartoffelpüree mit den Zuckerschoten auf Tellern anrichten. Die Hüftsteaks quer halbieren und darauflegen. Mit dem Rosmarin garniert servieren.

Rumpsteak
mit Pesto und Tomaten

Zutaten

2 Bund Basilikum
2 EL Pinienkerne
1 Knoblauchzehe
30 g Parmesan (am Stück)
100 ml Olivenöl
Salz · Pfeffer aus der Mühle
1–2 TL Zitronensaft
4 Rumpsteaks (à ca. 200 g)
2 EL Butterschmalz
2 EL Weißweinessig
4 Tomaten
2 rote Zwiebeln

Zubereitung

FÜR 4 PERSONEN

1 Für das Pesto das Basilikum waschen, trocken schütteln und die Blätter abzupfen. Die Pinienkerne in einer beschichteten Pfanne ohne Fett nur leicht anrösten. Den Knoblauch schälen und grob hacken. Den Parmesan fein reiben.

2 Basilikum, Knoblauch, 2 EL Olivenöl und Pinienkerne im Blitzhacker fein pürieren oder im Mörser zerstoßen. Den Parmesan und weitere 4 EL Olivenöl nach und nach dazugeben und alles zu einer glatten Paste verrühren. Mit Salz, Pfeffer und Zitronensaft abschmecken.

3 Die Rumpsteaks mit Salz und Pfeffer würzen. Im Butterschmalz auf beiden Seiten je nach Vorliebe 3 bis 5 Minuten anbraten. Die Steaks in Alufolie wickeln und einige Minuten ruhen lassen.

4 Essig und restliches Olivenöl verrühren und mit Salz und Pfeffer abschmecken. Tomaten waschen und in Scheiben schneiden, dabei die Stielansätze entfernen. Die Zwiebeln schälen und in feine Ringe schneiden. Tomaten und Zwiebeln auf Teller verteilen und mit der Vinaigrette beträufeln. Die Steaks darauf anrichten. Mit je 1 EL Pesto garniert servieren.

Lammkeule
mit grünen Bohnen

Dio mio – wie das duftet: Wenn diese kräuterwürzige Keule aus dem Ofen kommt, läuft einem das Wasser im Munde zusammen

Zutaten

3 Zweige Thymian
2 Zweige Rosmarin
je 1 Bund Basilikum
und Petersilie
5 Knoblauchzehen
1 unbehandelte Zitrone
4 EL Öl
Salz · Pfeffer aus der Mühle
1/2 TL gemahlener Kreuzkümmel
1 Lammkeule (ca. 1 1/2 kg)
100 ml trockener Rotwein
1 EL Tomatenmark
500 g grüne Bohnen
2 EL Butter

Zubereitung

FÜR 4 PERSONEN

1 Den Backofen auf 220 °C vorheizen. Die Kräuter waschen und trocken schütteln. Die Blätter bzw. Nadeln abzupfen und fein hacken. 2 Knoblauchzehen schälen und in feine Würfel schneiden. Die Zitrone heiß waschen, trocken reiben und die Schale fein abreiben. Öl, Kräuter, Knoblauchwürfel und Zitronenschale mischen. Mit Salz, Pfeffer und Kreuzkümmel würzen.

2 Die Lammkeule mit Salz und Pfeffer würzen und mit der Kräutermarinade bestreichen. Die Keule auf ein tiefes Backblech setzen und im Backofen auf der untersten Schiene 20 Minuten braten. 1/4 l Wasser über die Keule gießen und die Hitze auf 175 °C reduzieren. Das Fleisch weitere 1 1/2 Stunden braten, dabei gelegentlich mit Bratenfond begießen. Nach 1 Stunde Garzeit die restlichen ungeschälten Knoblauchzehen hinzufügen und mitgaren.

3 Die Keule aus dem Backofen nehmen, mit Alufolie bedecken und 10 Minuten ruhen lassen. Den Bratenfond durch ein Sieb in einen Topf gießen. Mit dem Wein und dem Tomatenmark verrühren, aufkochen, mit Salz und Pfeffer würzen.

4 Die Bohnen putzen und waschen. In kochendem Salzwasser 6 bis 8 Minuten bissfest garen. Abgießen, kalt abschrecken und abtropfen lassen. Die Butter in einer Pfanne zerlassen und die Bohnen darin erwärmen. Mit Salz und Pfeffer würzen. Von der Lammkeule dünne Scheiben herunterschneiden, mit der Bratensauce und den Bohnen anrichten.

Tipp

Mit der doppelten Menge Kreuzkümmel und 1 TL gemahlenem Koriander bekommt die Keule einen orientalischen Touch. 1/2 TL Harissapulver in der Gewürzmischung sorgt für eine angenehme Schärfe.

Lammkoteletts
auf Ratatouille

Ein Hauch von Provence: Mediterranes Gemüse und Koteletts mit feinem Rosmarinaroma sind genau das Richtige für laue Sommerabende

Zutaten

350 g Auberginen
Salz
2 Zwiebeln
3 Knoblauchzehen
400 g kleine Zucchini
3 Paprikaschoten (nach Belieben rot, gelb oder grün)
4 Tomaten
4 EL Olivenöl
3 Zweige Thymian
1 Lorbeerblatt
Pfeffer aus der Mühle
2 Stiele Basilikum
1 Zweig Rosmarin
12 Lammkoteletts (à 60 g)

Zubereitung

FÜR 4 PERSONEN

1 Die Auberginen putzen, waschen, in etwa 1 cm große Würfel schneiden und diese mit etwas Salz bestreuen. Die Zwiebeln schälen und in schmale Spalten schneiden. Den Knoblauch schälen und 2 Zehen in Scheiben schneiden. Die Zucchini putzen, waschen und in Scheiben schneiden. Die Paprikaschoten längs halbieren, entkernen, waschen und in kleine Würfel schneiden. Die Tomaten überbrühen, häuten, vierteln und entkernen, die Tomatenviertel in Würfel schneiden.

2 Die Auberginenwürfel trocken tupfen und in einer Pfanne in 2 EL Olivenöl goldbraun braten. Auf Küchenpapier abtropfen lassen. 1 EL Öl in die Pfanne geben und Zwiebeln und Knoblauch darin andünsten. Paprika und Zucchini 3 Minuten mitdünsten. Den Thymian waschen und trocken tupfen. Mit den Auberginen- und Tomatenwürfeln und dem Lorbeerblatt zum Gemüse geben und zugedeckt bei mittlerer Hitze etwa 20 Minuten schmoren. Mit Salz und Pfeffer würzen.

3 Basilikum und Rosmarin waschen und trocken tupfen, die Basilikumblätter abzupfen und grob schneiden. Das restliche Öl in einer großen Pfanne erhitzen, die restliche Knoblauchzehe ungeschält zerdrücken und mit dem Rosmarin in die Pfanne geben. Die Lammkoteletts darin portionsweise auf beiden Seiten etwa 3 Minuten braten. Mit Salz und Pfeffer würzen und mit dem Basilikum bestreuen. Das Ratatouille auf Teller verteilen. Die Koteletts darauf anrichten und servieren. Dazu passen gebackene Kartoffelhälften aus dem Ofen.

Tipp

Originales Provence-Feeling erlangen Sie, indem Sie zum Ratatouille Baguettescheiben mit Aioli oder Tapenade reichen. Dazu ein Côtes-de-Provence-Rotwein oder -Rosé: Was gibt es Schöneres?

Gegrilltes Lammsteak
auf gemischtem Salat

Zutaten

8 Tomaten

2 rote Zwiebeln

1 grüne Paprikaschote

300 g junger Blattspinat

2 EL Aceto balsamico

8 EL Olivenöl

Salz · Pfeffer aus der Mühle

4 Lammsteaks

Zubereitung

FÜR 4 PERSONEN

1 Die Tomaten waschen, halbieren und vierteln, dabei die Stielansätze entfernen. Die Zwiebeln schälen und in Spalten schneiden. Die Paprikaschote längs halbieren, entkernen, waschen und in feine Streifen schneiden. Den Spinat verlesen, waschen und trocken schleudern, grobe Stiele entfernen.

2 Den Essig und 4 EL Olivenöl verrühren, mit Salz und Pfeffer würzen. Tomaten, Zwiebeln, Paprika und Spinat auf Tellern anrichten. Den Salat mit der Vinaigrette beträufeln.

3 Die Lammsteaks ungewürzt in einer Grillpfanne oder auf dem heißen Grill auf beiden Seiten goldbraun grillen. Jeweils mit 1 EL Olivenöl beträufeln und mit Salz und Pfeffer würzen. Die Filets quer halbieren und auf dem Salat anrichten. Dazu passt z. B. Fladenbrot.

Souflaki
mit Bauernsalat

Zutaten

800 g Lammfleisch
(aus der Keule)
2 EL Zitronensaft
7 EL Olivenöl
2–3 TL getrockneter Oregano
Salz · Pfeffer aus der Mühle
2–3 Tomaten
200 g gemischte Blattsalate
1 rote Zwiebel
2 EL Weißweinessig
12 schwarze Oliven
125 g Schafskäse (Feta;
in Stücken)

Zubereitung

FÜR 4 PERSONEN

1 Das Fleisch von Sehnen und Fett befreien und in mundgerechte Stücke schneiden. Zitronensaft, 4 EL Olivenöl und 1 TL Oregano verrühren, mit Salz und Pfeffer würzen. Die Fleischstücke auf Spieße stecken. Die Fleischspieße in eine flache Form legen, mit der Marinade bepinseln und zugedeckt 2 Stunden durchziehen lassen.

2 Die Tomaten waschen und in Spalten schneiden, dabei die Stielansätze entfernen. Den Salat waschen, trocken schleudern und die Blätter klein zupfen. Die Zwiebel schälen und in dünne Ringe schneiden. Essig und restliches Olivenöl verrühren, mit Salz und Pfeffer würzen.

3 Die Spieße aus der Marinade nehmen und das Öl abtropfen lassen. Auf dem heißen Grill rundum 6 bis 8 Minuten grillen oder in einer Pfanne goldbraun braten. Die Salatblätter und die Zwiebel in einer Schüssel mit der Vinaigrette mischen und auf Teller verteilen. Tomaten und Oliven darauflegen und mit dem Schafskäse bestreuen. Die Souflaki-Spieße dazulegen, mit dem restlichen Oregano bestreuen und nach Belieben mit Zitronenspalten servieren. Dazu passt das Zaziki von S. 168.

Lammcurry
mit Spinat und Joghurt

Eine wahre Erfolgsgeschichte: Dieses aromatische Lammgericht gehört ohne Zweifel auf die Hitliste der international beliebtesten Currys

Zutaten

600 g Blattspinat
400 g Lammfleisch (aus der Lende oder Keule)
4 Zwiebeln
2 Knoblauchzehen
15 g Ingwer
2 EL Öl
½ TL Chilipulver
je 1 TL gemahlener Kreuzkümmel, Kardamom und Koriander
1 TL gemahlene Kurkuma
½ TL Bockshornkleesamen
¼ TL Cayennepfeffer
200 g Naturjoghurt
Salz

Zubereitung

FÜR 4 PERSONEN

1 Den Spinat verlesen und waschen, grobe Stiele entfernen. Den Spinat in einer Schüssel mit kochendem Wasser übergießen und kurz ziehen lassen. In einem Sieb kalt abschrecken und abtropfen lassen.

2 Das Fleisch in mundgerechte Stücke schneiden. Die Zwiebeln und den Knoblauch schälen und in feine Scheiben schneiden. Den Ingwer schälen und fein reiben.

3 Das Öl in einer Pfanne erhitzen und die Zwiebeln darin unter Rühren anbraten. Die Fleischstücke, den Ingwer und den Knoblauch hinzufügen und mit anbraten, bis alles gut gebräunt ist.

4 Die Gewürze unterrühren und kurz mitbraten. 300 ml Wasser dazugießen und alles zugedeckt bei schwacher Hitze etwa 20 Minuten garen, dabei ab und zu umrühren. Den Spinat dazugeben, weitere 10 Minuten garen. Zuletzt die Sauce offen bei starker Hitze 5 Minuten einkochen lassen.

5 Den Joghurt cremig rühren, den größten Teil unter das Curry rühren. Das Curry mit Salz abschmecken und nochmals leicht erhitzen, aber nicht kochen lassen. Den restlichen Joghurt als Klecks auf das Curry setzen. Dazu passt Basmatireis.

Tipp

Anstelle von frischem können Sie natürlich auch tiefgekühlten Blattspinat verwenden: Einfach in einem Topf zugedeckt erhitzen, bis er aufgetaut ist, und in einem Sieb abtropfen lassen.

Geflügel & Wild

Knoblauchhähnchen
mit Zitronenkartoffeln

Schmeckt wie im Urlaub: Nach diesen knoblauchduftenden Hähnchenkeulen werden sich Ihre Gäste die Finger lecken

Zutaten

4 Hähnchenkeulen
2 Knoblauchzehen
12–14 festkochende Kartoffeln (ca. 800 g)
2 Zwiebeln
1 unbehandelte Zitrone
1 Bund Thymian
80 ml Olivenöl
Salz · Pfeffer aus der Mühle
2 TL Dijon-Senf

Zubereitung

FÜR 4 PERSONEN

1 Den Backofen auf 200 °C vorheizen. Die Hähnchenkeulen waschen, trocken tupfen und im Gelenk mit einem Messer in Ober- und Unterkeule teilen. Den Knoblauch schälen und in feine Scheiben schneiden. Die Hälfte der Knoblauchscheiben unter die Haut der Hähnchenkeulen schieben.

2 Die Kartoffeln gründlich waschen und der Länge nach vierteln. Die Zwiebeln schälen und in Spalten schneiden. Die Zitrone heiß waschen und trocken reiben. Eine Hälfte in Scheiben schneiden, die andere auspressen. Den Thymian waschen, trocken schütteln und die Blättchen abzupfen.

3 Das Fleisch mit 2 EL Olivenöl einreiben, mit Salz und Pfeffer würzen und auf einem Backblech verteilen. Im Backofen auf der mittleren Schiene etwa 15 Minuten garen.

4 Inzwischen für die Marinade das restliche Olivenöl, den Zitronensaft und den Senf verrühren. Den Thymian und den restlichen Knoblauch unter die Marinade rühren. Kräftig mit Salz und Pfeffer würzen. Dann die Kartoffeln, die Zwiebeln und die Zitronenscheiben untermischen. Zum Hähnchenfleisch auf das Backblech geben und etwa 35 Minuten fertig garen.

Tipp

Dijon-Senf ist eine französische Spezialität, die aus nicht entölten schwarzen oder braunen Senfkörnern hergestellt wird. Er verleiht Gerichten eine angenehme Schärfe.

Chicken Wings
mit Erdnuss-Dip

Amerikas Süden lässt grüßen: Knusprige Hähnchenflügel aus dem Ofen bekommen zusätzlich Feuer durch einen pikanten Erdnuss-Dip

Zutaten

1 1/2 kg Hähnchenflügel
4 EL brauner Zucker
4 EL Weißweinessig
4 EL Sojasauce
2 Knoblauchzehen
2 EL Öl
4 EL Erdnussbutter
200 g saure Sahne
1 EL Zitronensaft
Salz · Pfeffer aus der Mühle
Cayennepfeffer

Zubereitung

FÜR 4 PERSONEN

1 Die Hähnchenflügel waschen und mit Küchenpapier trocken tupfen. Die Flügelspitzen am Gelenk mit einer Geflügelschere oder einem Messer abtrennen und anderweitig verwenden. Die Hähnchenflügel in eine flache Form geben.

2 In einer kleinen Schüssel den Zucker mit Essig und Sojasauce verrühren. Den Knoblauch schälen, durch die Presse dazudrücken und unterrühren. Die Marinade über die Hähnchenflügel gießen und mehrere Stunden (am besten über Nacht) zugedeckt im Kühlschrank ziehen lassen, dabei einmal wenden.

3 Den Backofen auf 220 °C vorheizen. Ein Backblech mit Alufolie belegen und mit dem Öl bestreichen. Die Hähnchenflügel aus der Marinade nehmen, etwas abschütteln, auf das Backblech legen und im Backofen auf der mittleren Schiene 15 Minuten garen. Die Hähnchenflügel wenden, mit etwas Marinade bestreichen und weitere 5 Minuten braten. Erneut wenden, mit Marinade bestreichen und 10 Minuten braten.

4 Inzwischen die Erdnussbutter in eine Schüssel geben, saure Sahne und Zitronensaft hinzufügen und cremig verrühren. Den Erdnuss-Dip mit Salz, Pfeffer und Cayennepfeffer würzen.

5 Die fertig gebratenen Chicken Wings nach Belieben mit Zitronenspalten garniert anrichten. Den Erdnuss-Dip nach Belieben mit Chilischoten garnieren und in Schälchen dazu servieren.

Tipp

Aus den abgetrennten Hähnchenflügelspitzen, die beim Braten verbrennen würden, können Sie ganz nebenbei mit Möhren, Staudensellerie und Lauch eine aromatische Geflügelbrühe kochen.

Hähnchen in Riesling
mit Kohlrabi und Möhren

Zutaten

je 2 Hähnchenkeulen und Hähnchenbrustfilets
Salz · Pfeffer aus der Mühle
je 1 Zwiebel und Knoblauchzehe
2 Bund Frühlingszwiebeln
500 g Kohlrabi
300 g Möhren
2 EL Öl
2 EL Mehl
2 EL Senf
400 ml trockener Riesling
400 ml Gemüsebrühe
1 Lorbeerblatt
2–3 EL gehackte Petersilie

Zubereitung

FÜR 4 PERSONEN

1 Die Hähnchenkeulen am Gelenk durchtrennen, die Hähnchenbrustfilets halbieren. Die Hähnchenteile waschen, trocken tupfen und mit Salz und Pfeffer würzen.

2 Zwiebel und Knoblauch schälen und in feine Würfel schneiden. Die Frühlingszwiebeln putzen und waschen. Die weißen und grünen Teile getrennt in 1 cm große Stücke schneiden, die Kohlrabi und die Möhren putzen und schälen. Kohlrabi vierteln und in Stücke schneiden, Möhren schräg in Scheiben schneiden.

3 Das Öl in einem Schmortopf erhitzen. Das Hähnchenfleisch darin rundum anbraten und herausnehmen. Zwiebel, Knoblauch, Kohlrabi, Möhren und weiße Frühlingszwiebeln im Bratfett andünsten, mit Salz und Pfeffer würzen. Mehl darüberstäuben, Senf dazugeben und 1 Minute mitdünsten. Wein und Brühe dazugeben.

4 Hähnchenkeulen und Lorbeerblatt hinzufügen, zugedeckt bei schwacher Hitze 30 Minuten schmoren lassen. Dann Hähnchenbrüste und grüne Frühlingszwiebeln dazugeben und 10 Minuten mitgaren. Kurz vor dem Servieren die Petersilie dazugeben und nochmals abschmecken.

Brathähnchen
mit Zitrone und Fenchel

Zutaten

1 Hähnchen (ca. 1,4 kg; küchenfertig)
3 unbehandelte Zitronen
2 EL Öl
Salz · Pfeffer aus der Mühle
2 kleine Fenchelknollen
1/4 l Geflügelfond
je 1 EL Honig und Sherry (medium)

Zubereitung

FÜR 4 PERSONEN

1 Das Hähnchen waschen und trocken tupfen. Zitronen heiß waschen und trocken reiben, die Schale von 1 Zitrone abreiben. Die Hälfte der Zitronenschale, 1 EL Öl, Salz und Pfeffer mischen und das Hähnchen damit einreiben. Zitronen in Spalten schneiden und das Hähnchen damit füllen. Die Schenkel zusammenbinden und die Flügel auf dem Rücken verschränken.

2 Den Backofen auf 200 °C vorheizen. Den Fenchel putzen, waschen, der Länge nach vierteln und in Streifen schneiden.

3 Den Fenchel in eine Auflaufform geben und das Hähnchen mit den Keulen nach oben darauflegen. Im Backofen auf der mittleren Schiene 50 bis 60 Minuten braten. Den Fond nach und nach dazugeben und das Hähnchen gelegentlich mit dem Bratensaft begießen.

4 Das Hähnchen aus dem Ofen nehmen. Honig, Sherry, restliche Zitronenschale und übriges Öl verrühren. Das Hähnchen damit bestreichen und mit der Brustseite nach oben bei 250 °C etwa 5 Minuten knusprig braten. Das Zitronenhähnchen mit Fenchel auf einer Platte anrichten und mit Reis oder Kartoffeln servieren.

Backhendl
mit Zitrone

Selbst gemacht schmeckt's am besten: Diese besonderen »Chicken Nuggets« überzeugen durch ihre knusprige Hülle mit Zitrusaroma

Zutaten

2 Eier
3 TL Zitronensaft
Pfeffer aus der Mühle
frisch geriebene Muskatnuss
abgeriebene Schale von
1 unbehandelten Zitrone
1 EL halb steif geschlagene
Sahne
80 g doppelgriffiges Mehl
(Wiener Grießler)
100 g Weißbrotbrösel
4 Hähnchenbrustfilets
(à 120 g) · Salz
Öl zum Ausbacken
1 EL kalte Butter

Zubereitung

FÜR 4 PERSONEN

1 Die Eier in einem tiefen Teller verquirlen und mit 1 TL Zitronensaft, Pfeffer, Muskatnuss und der Hälfte der Zitronenschale würzen. Die Sahne unterheben. Das Mehl und die Brösel ebenfalls in tiefe Teller geben.

2 Die Hähnchenbrustfilets waschen und trocken tupfen. Die Hähnchenbrüste schräg in jeweils vier Scheiben schneiden. Mit Salz und Pfeffer würzen. Die Hähnchenteile nacheinander zuerst im Mehl wenden, dann durch die verquirlten Eier ziehen und zuletzt mit den Weißbrotbröseln panieren, dabei die Panade nicht zu fest andrücken.

3 In eine tiefe Pfanne 2 cm hoch Öl gießen und bei mittlerer Hitze heiß werden lassen. Die panierten Hähnchenstücke darin auf beiden Seiten goldbraun backen.

4 Die Butter in einer zweiten Pfanne zerlassen, die restliche Zitronenschale und den übrigen Zitronensaft dazugeben und die Zitronenbutter mit Salz und Pfeffer würzen. Die gebackenen Hähnchenstücke kurz in der Zitronenbutter wenden. Nach Belieben mit Zitronenspalten servieren. Dazu passt Kartoffelsalat oder Kartoffel-Gurken-Salat.

Tipp

Eine mediterrane Note bekommt die Panade, wenn Sie 1 bis 2 TL Thymianblättchen unter die Brösel mischen. Für eine nussige Variante ersetzen Sie 40 g Brösel durch 40 g gemahlene Kürbiskerne.

Hähnchencurry
mit Ingwer und Kokosmilch

Perfektes Spiel mit den Aromen: Zitronengras, Ingwer und Limettenblätter machen dieses Curry scharf und erfrischend zugleich

Zutaten

½ Zwiebel
3 Knoblauchzehen
1 Stängel Zitronengras
6 Kaffir-Limettenblätter
2 EL Öl
1 TL Tomatenmark
½ l Kokosmilch
50 g brauner Zucker
Saft von 1 Limette
Salz · 1 EL Currypulver
Cayennepfeffer
2 TL geriebener Ingwer
1–2 TL Speisestärke
4 Hähnchenbrustfilets
(à ca. 150 g)

Zubereitung

FÜR 4 PERSONEN

1 Die Zwiebel und den Knoblauch schälen und in feine Würfel schneiden. Das Zitronengras putzen, die äußeren Blätter und die obere, trockene Hälfte entfernen, das Helle in feine Ringe schneiden. Die Limettenblätter waschen und trocken tupfen.

2 In einem Topf 1 EL Öl erhitzen, Zwiebel, Knoblauch, Zitronengras und Limettenblätter darin hell anbraten. Das Tomatenmark unterrühren und kurz mitbraten. Die Kokosmilch dazugießen und alles aufkochen. Den Zucker und den Limettensaft hinzufügen, die Sauce mit Salz, Curry und Cayennepfeffer würzen. Den Ingwer dazugeben und die Sauce bei schwacher Hitze einige Minuten ziehen lassen. Die Speisestärke mit wenig Wasser glatt rühren, zum Binden unter die Sauce rühren und 2 Minuten köcheln lassen.

3 Das Hähnchenfleisch waschen, trocken tupfen und in mundgerechte Stücke schneiden. Das restliche Öl in einer Pfanne erhitzen und die Hähnchenstücke darin bei mittlerer Hitze von allen Seiten anbraten. Das Hähnchenfleisch in das Curry geben und 10 Minuten ziehen lassen. Das Curry nach Belieben mit Thai-Basilikum garnieren und mit Basmatireis servieren.

Tipp

Kaffir-Limettenblätter sind in den scharfen Saucen der Thai-Küche fast ein Muss. Sie werden entweder wie Lorbeerblätter als Würze mitgegart oder in feine Streifen geschnitten zum Garnieren verwendet.

Putengeschnetzeltes
mit Champignons

Das schmeckt Groß und Klein: Wenn feines Putenfleisch in einer würzigen Sauce schwimmt, bleibt garantiert nichts übrig

Zutaten

600 g Putenbrustfilet

Salz · Pfeffer aus der Mühle

300 g Champignons

3 Frühlingszwiebeln

1 Möhre

3 EL Butter

1 EL Mehl

150 ml Hühnerbrühe

200 g Sahne

Zubereitung

FÜR 4 PERSONEN

1 Das Putenbrustfilet waschen, trocken tupfen und in mundgerechte Streifen schneiden. Mit Salz und Pfeffer würzen. Die Champignons putzen, trocken abreiben und in Scheiben schneiden. Die Frühlingszwiebeln putzen und waschen, die Möhre putzen und schälen. Die Frühlingszwiebeln schräg in Ringe, die Möhre in dünne Stifte schneiden.

2 Die Butter in einer Pfanne erhitzen und das Fleisch darin rundum anbraten. Herausnehmen und warm stellen. Die Frühlingszwiebelringe – bis auf einige für die Deko – im verbliebenen Bratfett andünsten. Die Pilze dazugeben und mitdünsten. Mit Salz und Pfeffer würzen. Das Mehl darüberstäuben und kurz anrösten.

3 Das Fleisch wieder in die Pfanne geben, die Brühe und die Sahne angießen. Zwei Drittel der Möhrenstifte dazugeben und alles einmal aufkochen lassen. Bei schwacher Hitze leicht einkochen lassen und nochmals abschmecken. Das Geschnetzelte mit den restlichen Frühlingszwiebelringen und Möhrenstiften garniert servieren. Dazu passen Reis, Kartoffelrösti oder Nudeln.

Tipp

Wer gern exotisch isst, kann anstelle von Pilzen Mango- und Ananaswürfel zum Fleisch geben, die Sahne durch Kokosmilch ersetzen und diese mit Currypulver und geriebenem Ingwer würzen.

Putenrollbraten
mit Wurzelgemüse

Groß in Mode: Lange Zeit zu Unrecht unterschätzt, kommen Petersilienwurzeln jetzt auch bei Feinschmeckern auf den Teller

Zutaten

500 g Petersilienwurzeln
4 Möhren
1 Bund Petersilie
1 Bund Thymian
1/2 Bund Rosmarin
je 2 Schalotten
und Knoblauchzehen
4 EL Olivenöl
1 1/2 kg Putenrollbraten
(beim Metzger vorbestellen)
Salz · Pfeffer aus der Mühle
1/2 l Gemüsebrühe

Zubereitung

FÜR 4–6 PERSONEN

1 Den Backofen auf 160 °C vorheizen. Die Petersilienwurzeln und die Möhren putzen, schälen und je nach Größe längs halbieren oder vierteln. Das Gemüse in einen Bräter legen.

2 Die Petersilie, den Thymian und den Rosmarin waschen und trocken schütteln, die Blätter bzw. Nadeln abzupfen und fein hacken. Die Schalotten und den Knoblauch schälen und in feine Würfel schneiden. Das Olivenöl mit den Kräutern, den Schalotten und dem Knoblauch verrühren. Das Fleisch ausrollen und mit drei Viertel der Kräutermasse bestreichen. Wieder aufrollen und mit Küchengarn zusammenbinden.

3 Den Putenrollbraten mit der restlichen Kräutermasse einreiben, mit Salz und Pfeffer würzen und auf das Gemüse im Bräter legen. 200 ml Brühe angießen und den Braten im Backofen 1 1/2 bis 2 Stunden schmoren lassen. Dabei gelegentlich mit der restlichen Brühe begießen und das Fleisch ab und zu wenden.

4 Den Putenrollbraten aus dem Bräter nehmen, das Garn entfernen und den Braten vor dem Anschneiden etwas ruhen lassen. Das Gemüse ebenfalls aus dem Bräter nehmen und warm halten. Den Bratfond durch ein Sieb gießen, mit Salz und Pfeffer würzen und nach Belieben mit Speisestärke etwas binden. Den Braten in Scheiben schneiden und mit dem Wurzelgemüse und der Sauce auf einer Platte anrichten.

Tipp

Zu dem Putenrollbraten können Sie nach Belieben noch Kartoffelgratin, Knoblauchbaguette oder frisches italienisches Weißbrot servieren. Er schmeckt auch kalt – z. B. mit einer Senfsauce serviert.

Gebratene Entenbrust
mit Serviettenknödeln

Festlich raffiniert: Mit dieser Variante des klassischen Entenbratens kann man ohne viel Aufwand ein Highlight für die Festtafel zaubern

Zutaten

Für die Serviettenknödel:

ca. 65 g Toastbrot

4 EL Butter

125 g Mehl

Salz · Zucker

frisch geriebene Muskatnuss

1/4 Würfel Hefe (10 g)

90 ml lauwarme Milch · 1 Ei

flüssige Butter zum Bestreichen

Mehl zum Formen

Für die Entenbrust:

2 Entenbrustfilets (à ca. 400 g)

Salz · Pfeffer aus der Mühle

2 EL Honig

2 EL Aceto balsamico

1 EL Sojasauce

1 EL Orangensaft

3 Zweige Thymian

Zubereitung

FÜR 4 PERSONEN

1 Für die Serviettenknödel das Toastbrot in kleine Würfel schneiden, in der Butter bei schwacher Hitze goldbraun rösten und auf Küchenpapier abtropfen lassen. Das Mehl mit 1/4 TL Salz, 1 Prise Zucker und etwas Muskatnuss in einer Schüssel mischen. Die Hefe zerbröckeln und in der lauwarmen Milch auflösen. Die Hefemischung mit dem Ei unter das Mehl rühren und alles zu einem glatten Teig verkneten. Die gerösteten Brotwürfel untermischen und den Teig zugedeckt an einem warmen Ort etwa 20 Minuten gehen lassen.

2 Ein Küchentuch mit Wasser leicht anfeuchten und mit Butter gut bestreichen. Aus dem Teig mit etwas Mehl eine Rolle formen, auf das Tuch legen und die Tuchenden locker darüberschlagen. Den Teig erneut 25 Minuten gehen lassen.

3 Für die Entenbrust das Fleisch von Fett und Sehnen befreien und die Fleischseite mit Salz und Pfeffer würzen. Die Haut mit einem scharfen Messer rautenförmig einschneiden und die Entenbrüste mit der Hautseite nach oben in einen tiefen Teller legen. Den Honig mit Essig, Sojasauce und Orangensaft verrühren. Den Thymian waschen, trocken schütteln und dazugeben. Die Marinade unter gelegentlichem Rühren erwärmen, bis der Honig geschmolzen ist. Die Entenhaut mit der Marinade bestreichen und etwa 30 Minuten ziehen lassen.

4 Den Knödelteig nicht allzu fest in das Tuch wickeln und die Enden locker zubinden. In reichlich kochendem Salzwasser bei schwacher Hitze etwa 35 Minuten ziehen lassen, dabei gelegentlich wenden. Herausnehmen und in Scheiben schneiden.

5 Den Backofen auf 160 °C vorheizen. Die Entenbrüste in einer ofenfesten Pfanne ohne Fett auf der Hautseite 7 bis 8 Minuten kräftig anbraten, wenden und bei mittlerer Hitze weitere 2 Minuten braten. Entenbrüste im Backofen 5 bis 7 Minuten fertig garen. Mit den Serviettenknödeln servieren.

Ente mit Rotkohl
und Kartoffelklößen

Da ist sich die Nation einig: Ein Entenbraten darf an Feiertagen nicht fehlen, egal ob mit Rotkohl und Klößen oder Blaukraut und Knödeln

Zutaten

Für die Ente:

1 Ente (2 1/2 kg; küchenfertig)
Salz · Pfeffer aus der Mühle
1 TL getrockneter Majoran
1 Bund Suppengemüse · 1 EL Öl
1/4 l heiße Hühnerbrühe

Für den Rotkohl:

1 kg Rotkohl
2 Zwiebeln · 4 Äpfel
2 EL Schweine- oder Gänseschmalz
4 EL Obstessig
2 Gewürznelken
1 Lorbeerblatt
Salz · Zucker

Für die Kartoffelklöße:

1 kg mehlig kochende Kartoffeln · Salz
2 Eigelb
1 EL Speisestärke

Zubereitung

FÜR 4 PERSONEN

1 Die Ente innen und außen gut waschen, trocken tupfen und mit Salz, Pfeffer und Majoran einreiben. Den Backofen auf 220 °C vorheizen. Das Suppengemüse putzen, schälen bzw. waschen und in Würfel schneiden. Das Öl in einem Bräter erhitzen und das Gemüse darin anbraten.

2 Die Ente mit der Brustseite nach unten in den Bräter legen und die Brühe dazugießen. Im Backofen 30 Minuten braten. Die Temperatur auf 180 °C reduzieren und die Ente weitere 1 1/2 Stunden braten. Wenden und erneut so lange braten, bis die Ente gebräunt ist, dabei immer wieder mit Bratenfond begießen. Die Ente aus dem Bräter nehmen, tranchieren und bei 70 °C im Backofen warm halten. Die Sauce in ein Sieb abgießen, das Gemüse ausdrücken und die Sauce entfetten. Falls nötig, etwas einkochen lassen und mit Salz und Pfeffer abschmecken.

3 Für den Rotkohl den Kohl putzen, waschen und in Streifen schneiden oder hobeln. Die Zwiebeln und Äpfel schälen, die Äpfel vierteln und die Kerngehäuse entfernen. Zwiebeln und Äpfel in Würfel schneiden. Das Schmalz erhitzen und die Zwiebeln darin andünsten. 1/8 l Wasser dazugeben. Mit Essig, Nelken, Lorbeerblatt, Salz und 1 bis 2 EL Zucker würzen. Die Flüssigkeit aufkochen und den Rotkohl hinzufügen. Die Äpfel daraufgeben. Den Rotkohl zugedeckt etwa 30 bis 40 Minuten garen, sodass er noch Biss hat. Nochmals abschmecken.

4 Für die Klöße 300 g Kartoffeln waschen und in Salzwasser 15 bis 20 Minuten weich garen. Pellen und durch die Kartoffelpresse in eine Schüssel drücken. Die restlichen Kartoffeln schälen, waschen, fein reiben und in einem Küchentuch ausdrücken. Beide Kartoffelsorten mit den Eigelben und der Stärke mischen. Mit Salz würzen. Aus der Masse Klöße formen und in reichlich Salzwasser 15 bis 20 Minuten gar ziehen lassen. Abtropfen lassen und mit Ente und Rotkohl servieren.

Pasta für Langläufer

Spaghetti mit Fenchel und Salami

***Zutaten** für ca. 4 Portionen*

2 Fenchelknollen, 1 Knoblauchzehe, 1 Echalote, 2 El bestes Olivenöl, Salz, Pfeffer aus der Mühle, 250 ml Orangensaft (möglichst frisch gepresst), 500 g Spaghetti, 75 g Pecorino, 100 g Salami sehr dünn geschnitten

***Zubereitungszeit:** ca. 10 Min.*
***Garzeit:** ca. 20 Min.*

Zubereitung

1. Fenchel waschen, putzen, Fenchelgrün abschneiden, beiseite legen. Knollen halbieren, harten Strunk herausschneiden. Hälften längs in sehr feine Streifen schneiden.

2. Knoblauch, Echalote abziehen, beides fein würfeln, mit den Fenchelstreifen in Olivenöl ca. 10 Min. dünsten, mit Salz, Pfeffer würzen, Orangensaft angießen, weiter köcheln lassen.

3. Spaghetti nach Packungsanleitung garen, abgießen, dabei etwas Nudelwasser auffangen, mit den Nudeln zum Fenchel geben, alles gut vermengen.

4. Pecorino grob raspeln, Fenchelgrün hacken, zusammen mit den Salamischeiben

Maccheroni all' Amatriciana

***Zutaten** für ca. 4 Portionen*

1 Zwiebel, 125 g durchwachsener Räucherspeck, $1/2$ -1 rote Chilischote, 1 El Tomatenmark, 2 El Olivenöl, 450 g stückige Tomaten aus der Packung/Dose, 80 g Parmesankäse am Stück, Salz, Pfeffer aus der Mühle, 500 g Maccheroni

***Zubereitungszeit:** ca. 15 Min.*
***Garzeit:** ca. 20 Min.*

Zubereitung

1. Zwiebel abziehen, fein würfeln. Räucherspeck ebenfalls in feine Würfel schneiden. Chilischote waschen, halbieren, Stiel und Kerne entfernen, Schote fein hacken.

2. Alles mit Tomatenmark ca. 5 Min. in Olivenöl anschwitzen, stückige Tomaten zufügen, ca. 10 Min. köcheln lassen. Parmesankäse reiben, Hälfte zur Sauce geben, Tomatensauce evtl. mit Salz, Pfeffer würzen.

3. Maccheroni nach Packungsanleitung garen. Nudeln abgießen, mit der Tomaten-Speck-Sauce vermengen, mit restlichem

Penne mit Basilikum-Ziegenkäse-Creme

***Zutaten** für ca. 4 Portionen*

1 Knoblauchzehe, 2 Töpfe Bio-Basilikum, 4 hartgekochte Eigelb, 100 g Crème fraîche, 100 g Ziegenfrischkäse, 1-2 El bestes Olivenöl, Salz, Pfeffer aus der Mühle, 500 g Penne rigate, 2 El Pinienkerne, 500 g Bio-Cocktailtomaten

***Zubereitungszeit:** ca. 15 Min.*
***Garzeit:** ca. 10 Min.*

Zubereitung

1. Knoblauchzehe abziehen, grob hacken. Basilikumblättchen abzupfen, waschen, trocken schütteln. Ein paar Blättchen für

unter die Nudeln heben, sofort servieren.

Schmeckt gut dazu: *Eine Obstsaftschorle oder ein gut gekühlter Weißwein, z.B. ein Pinot Grigio oder ein Grauburgunder aus Deutschland, sowie Mineralwasser.*

Parmesan bestreut servieren.

Schmeckt gut dazu: *Eine Obstsaftschorle oder ein kräftiger Rotwein, z.B. ein Chianti oder ein Nero d'Avola.*

Knoblauch, Eigelb, Crème fraîche, Ziegenfrischkäse, Olivenöl fein pürieren, so dass eine cremige Sauce entsteht.

2. Penne nach Packungsanleitung garen. Pinienkerne bei mittlerer Hitze in einer Pfanne ohne Fett goldbraun rösten. Cocktailtomaten waschen, putzen, vierteln.

3. Nudeln abgießen, mit der Basilikum-Ziegenkäse-Creme mischen, mit Pinienkernen, Basilikumblättchen und Tomatenvierteln bestreut servieren.

Schmeckt gut dazu:
Eine Obstsaftschorle oder ein gut gekühlter halbtrockener Rosé sowie Mineralwasser.

Gänsebraten
mit Äpfeln gefüllt

Wie bei Muttern: An Weihnachten hat die Gans ihren großen Auftritt – das ist für viele Feinschmecker schon die schönste Bescherung

Zutaten

1 Gans (4 1/2–5 kg; küchenfertig)
Salz · Pfeffer aus der Mühle
8 Äpfel
1–2 Zwiebeln
1 TL getrockneter Majoran (oder Beifuß)
3–4 EL Mehl
Zucker

Zubereitung

FÜR 4–6 PERSONEN

1 Die Gans unter fließendem kaltem Wasser innen und außen waschen und mit Küchenpapier gut trocken tupfen. Die Gans innen und außen kräftig mit Salz und Pfeffer würzen. Die Äpfel schälen, vierteln und die Kerngehäuse entfernen. Die Gans mit den Äpfeln füllen und die Bauchöffnung mit Küchengarn zunähen oder mit Bratnadeln verschließen. Die Zwiebeln schälen und vierteln. Den Backofen auf 220 °C vorheizen.

2 Die Gans mit der Brust nach oben in einen Bräter legen. Die Zwiebeln und den Majoran dazugeben, 1/4 l kochendes Wasser dazugießen. Die Gans im Backofen zugedeckt 1 1/2 Stunden garen, dabei ab und zu mit dem Wasser begießen. Falls nötig, etwas Wasser dazugeben. Die Gans umdrehen und den Rücken 30 Minuten bräunen. Dabei mit Flüssigkeit begießen und wieder wenden. Die Gans insgesamt 3 Stunden garen, in den letzten 30 Minuten den Deckel abnehmen.

3 Die Gans aus dem Bräter nehmen, die Sauce durch ein Sieb gießen und entfetten. So viel Wasser auffüllen, dass es etwa 1 l ergibt. Das Mehl mit etwas Wasser glatt rühren. Die Sauce aufkochen lassen und das Mehl unterrühren, sodass eine sämige Sauce entsteht. Mit Salz, Pfeffer und etwas Zucker würzen. Nach Belieben mit saurer Sahne abschmecken. Die Gans tranchieren und mit der Sauce und den Äpfeln servieren. Dazu passen Rotkohl und Kartoffelklöße (siehe S. 222).

Tipp

Sie können die Gans auch auf einem Bett aus klein geschnittenem Suppengemüse garen. Statt getrocknetem Majoran oder Beifuß kann man auch frische Zweige verwenden.

Gespickter Rehbraten
mit Rotwein-Gemüse-Sauce

Zutaten

1/2 l trockener Rotwein
4 EL Rotweinessig
200 ml Wildfond
1 1/2 kg Rehkeule
(ohne Knochen; küchenfertig)
100 g roher Schinken
(in Streifen)
1 TL getrockneter Thymian
5 Wacholderbeeren (zerdrückt)
Salz · Pfeffer aus der Mühle
3 EL Öl · 2 Zwiebeln
(in feinen Würfeln)
100 g Knollensellerie
(in feinen Würfeln)
100 g Crème double

Zubereitung

FÜR 4–6 PERSONEN

1 Wein, Essig und Fond aufkochen und abkühlen lassen. Die Keule mit dem Schinken spicken. Mit dem Thymian und den Wacholderbeeren in ein enges Gefäß geben und mit dem Sud begießen. Zugedeckt 2 Tage kühl stellen.

2 Den Backofen auf 160 °C vorheizen. Das Fleisch aus der Marinade nehmen und trocken tupfen. Die Marinade durch ein Sieb gießen und beiseitestellen. Die Keule mit Salz und Pfeffer einreiben. Das Öl in einem Bräter erhitzen und das Fleisch darin rundum anbraten.

3 Das Gemüse dazugeben, die Hälfte der Marinade hinzufügen und das Fleisch im Backofen etwa 1 1/2 Stunden garen. Dabei gelegentlich mit dem Bratensaft und restlicher Marinade begießen.

4 Die Keule aus dem Bräter nehmen und zugedeckt warm stellen. Den Bratensaft mit dem Gemüse pürieren und durch ein Sieb streichen. Crème double dazugeben, bei schwacher Hitze etwa 15 Minuten köcheln lassen und mit Salz und Pfeffer abschmecken. Das Fleisch in Scheiben schneiden. Mit der Sauce auf vorgewärmten Tellern anrichten. Dazu passen Selleriepüree mit krossen Speckstreifen und Preiselbeerkompott.

Hirschgulasch
mit Chicorée und Sahne

Zutaten

2 Möhren

100 g Knollensellerie

1/2 Stange Lauch

6 EL Olivenöl

800 g Hirschgulasch

50 g Butter

Salz · Pfeffer aus der Mühle

1/2 l trockener Weißwein

1/4 l Wildfond

2 Stauden Chicorée

150 g Sahne

Zubereitung

FÜR 4 PERSONEN

1 Möhren, Sellerie und Lauch putzen, schälen bzw. waschen und in Würfel schneiden. In einer großen Pfanne 4 EL Olivenöl erhitzen, das Hirschgulasch darin portionsweise bei starker Hitze rundum anbraten. Das Fleisch aus der Pfanne nehmen und beiseitestellen.

2 Die Butter in der Pfanne erhitzen und die Gemüsewürfel darin anbraten. Das Gulasch wieder dazugeben, mit Salz und Pfeffer würzen. Die Hälfte des Weins angießen und bei mittlerer Hitze stark einkochen lassen. Fond angießen und das Gulasch bei schwacher Hitze 1 3/4 Stunden offen köcheln lassen, dabei gelegentlich umrühren. Falls nötig, etwas Wasser angießen.

3 Nach 1 1/4 Stunden den Backofen auf 220 °C vorheizen. Den Chicorée putzen, waschen und längs halbieren. Die 4 Hälften in eine Auflaufform legen, mit Salz und Pfeffer würzen, mit dem restlichen Olivenöl beträufeln und mit dem restlichen Wein begießen. Im Backofen auf der mittleren Schiene etwa 15 Minuten garen. Die Sahne unter das fertige Gulasch rühren und etwas einkochen lassen. Mit Salz und Pfeffer abschmecken und mit dem Chicorée servieren.

Gratinierter Rehrücken
mit Sellerie-Birnen-Püree

Immer ein Fest: Wenn das Rehfleisch seine knackige Nusskruste bekommt, steigt beim Blick ins Backrohr garantiert der Appetit

Zutaten

100 g Nüsse (z. B. Walnuss- und/oder Haselnusskerne)
3 EL Zucker
50 g schwarze Oliven (ohne Stein)
2 EL weiche Butter
1 EL gehackter Rosmarin
300 g Knollensellerie
4 Birnen
100 g Sahne
Salz
300 ml Glühwein (oder fruchtiger Rotwein)
1 Msp. Lebkuchengewürz
2 EL Butter
600 g Rehrücken (ausgelöst)

Zubereitung

FÜR 4 PERSONEN

1 Die Nüsse mit 1 EL Zucker in einer Pfanne karamellisieren, abkühlen lassen und mit dem Messer fein hacken. Die Oliven ebenfalls hacken. Die weiche Butter mit dem Nusskrokant, den Oliven und dem Rosmarin verkneten. Zwischen zwei Lagen Backpapier 1/2 cm dick ausrollen und kühl stellen.

2 Den Sellerie putzen, schälen und in 1 cm große Würfel schneiden. In einem Topf mit Siebeinsatz mit etwas Wasser zugedeckt etwa 20 Minuten dämpfen. Die Birnen schälen, vierteln und die Kerngehäuse entfernen. Die Birnenviertel in Spalten schneiden und 4 Minuten mit dem Sellerie im Siebeinsatz mitgaren. Die Hälfte der Birnen mit dem Sellerie und der Sahne pürieren. Das Püree mit Salz würzen.

3 Den Wein, den restlichen Zucker und das Lebkuchengewürz sirupartig einkochen. Die Butter in einer Pfanne erhitzen und den Rehrücken darin rundum anbraten. Mit dem Sirup bestreichen und zuerst in Frischhaltefolie, dann in Alufolie wickeln. In heißem, nicht kochendem Wasser 10 bis 14 Minuten pochieren.

4 Den Backofengrill einschalten. Den Rehrücken aus den Folien wickeln, die Krokantbutter in Stücke schneiden und auf dem Rehrücken verteilen. Unter dem Backofengrill gratinieren. Das Selleriepüree, falls nötig, zugedeckt bei 100 °C im Backofen 3 bis 4 Minuten erwärmen.

5 Den Rehrücken in acht gleich große Stücke teilen und mit dem Selleriepüree anrichten. Mit den restlichen Birnenspalten und nach Belieben mit Rosmarin garniert servieren.

Wildschweinragout
mit Tomaten und Mirabellen

Zutaten

2 Möhren

2 Stangen Staudensellerie

4 Zwiebeln

5 EL Olivenöl

1 Zweig Rosmarin

1,8 kg Wildschweinkeule

650 ml trockener Rotwein

1 kleine rote Chilischote

3 Schalotten

1 Knoblauchzehe

200 g passierte Tomaten (aus dem Tetrapak)

Salz · Pfeffer aus der Mühle

400 g Mirabellen (aus dem Glas)

1 EL Butter · 2 TL Zucker

Zubereitung

FÜR 6–8 PERSONEN

1 Möhren, Sellerie und die Zwiebeln putzen, schälen, klein schneiden und in 2 EL Öl andünsten. Den Rosmarin waschen und trocken schütteln. Das Fleisch mit dem Gemüse, Rosmarin und 1/2 l Wein zugedeckt an einem kühlen Ort mindestens 12 Stunden ziehen lassen.

2 Das Fleisch aus der Marinade nehmen und abtropfen lassen. Den Knochen auslösen, das Fleisch von Haut und Sehnen befreien, in Würfel schneiden und in einem Topf in 2 EL Olivenöl anbraten, bis Flüssigkeit austritt.

3 Die Chili längs halbieren, entkernen und waschen. Schalotten und Knoblauch schälen, alles in feine Würfel schneiden und im restlichen Öl andünsten. Das Fleisch dazugeben und unter Rühren braten. Den restlichen Wein und die Tomaten dazugeben, mit Salz und Pfeffer würzen. Bei schwacher Hitze 2 Stunden schmoren. Falls nötig, etwas Rinderbrühe angießen.

4 Die Mirabellen abtropfen lassen und, falls nötig, halbieren. Butter in einer Pfanne erhitzen, den Zucker darin karamellisieren und die Mirabellen darin schwenken. Das Wildschweinragout mit der Sauce auf den Mirabellen anrichten.

Kaninchenragout
mit Pastinakenpüree

Zutaten

800 g Kaninchenkeulenfleisch (ohne Knochen)
8 Wacholderbeeren
4 cl Wacholderschnaps
1 Bund Suppengemüse · 2 Zwiebeln · 75 g durchwachsener Speck
1–2 Lorbeerblätter
2 Zweige Thymian
1/2 l Wildfond · 1/4 l Roséwein
100 g Sahne
je 400 g Pastinaken und mehlig kochende Kartoffeln · Salz
1/8–1/4 l Milch · 100 g Butter
frisch geriebene Muskatnuss

Zubereitung

FÜR 4 PERSONEN

1 Für das Kaninchenragout das Fleisch waschen, trocken tupfen und in Würfel schneiden. Die Wacholderbeeren zerstoßen, mit dem Schnaps zu einer Paste verreiben und mit dem Fleisch mischen. Zugedeckt 2 Stunden ziehen lassen.

2 Gemüse putzen, waschen bzw. schälen, Zwiebeln schälen. Alles in feine Würfel schneiden. Den Speck ebenfalls in feine Würfel schneiden und in einem Topf bei mittlerer Hitze langsam auslassen. Fleisch und Gemüse dazugeben und rundum anbraten. Lorbeerblätter und Thymian dazugeben, Fond und Wein angießen. Das Ragout zugedeckt bei mittlerer Hitze 50 Minuten schmoren lassen, dann Lorbeerblätter und Thymian wieder entfernen. Die Sahne unterrühren und das Ragout weitere 15 Minuten köcheln lassen.

3 Pastinaken und Kartoffeln schälen, in Stücke schneiden und in Salzwasser etwa 20 Minuten garen. Die Milch erhitzen, die Butter darin zerlassen und mit Salz und Muskatnuss würzen. Das gegarte Gemüse dazudrücken, das Pastinakenpüree mit Salz und Muskatnuss abschmecken und mit dem Kaninchenragout servieren.

Desserts & Gebäck

Exotischer Obstsalat
mit Ananas und Litschi

Frisch, gesund und voller Aroma: Fast alles, was der Obststand hergibt, wird hier zu einer fruchtigen Komposition arrangiert

Zutaten

1 kleine Ananas

½ Honigmelone

je 80 g grüne und blaue Weintrauben

2 Kiwis · 2 Orangen

1 Grapefruit

230 g Litschis (aus der Dose)

2 cl Orangenlikör (z. B. Grand Marnier)

1 Päckchen Vanillezucker

Zubereitung

FÜR 4 PERSONEN

1 Die Ananas putzen, schälen und der Länge nach vierteln. Den harten Strunk entfernen und das Fruchtfleisch in kleine Würfel schneiden.

2 Die Melonenhälfte entkernen, schälen und das Fruchtfleisch in mundgerechte Stücke schneiden. Trauben waschen und trocken tupfen. Kiwis schälen und in kleine Würfel schneiden.

3 Die Orangen und die Grapefruit mit einem scharfen Messer so großzügig schälen, dass auch die weiße Haut mit entfernt wird. Die Fruchtfilets aus den Trennhäuten herauslösen und in kleine Stücke schneiden, dabei den austretenden Saft der Orangen auffangen. Alle Früchte in eine Schüssel geben.

4 Die Litschis in ein Sieb abgießen, abtropfen lassen und in die Schüssel geben. Für die Marinade den Orangensaft mit dem Orangenlikör und dem Vanillezucker verrühren. Die Marinade über den Obstsalat träufeln und alles vorsichtig mischen. Den Salat nach Belieben mit Minzeblättern garnieren.

Tipp

Das Obst kann nach Lust und Laune variiert werden: Mischen Sie doch einmal Mango- oder Papayawürfel unter den Salat. Ein besonders dekoratives Highlight sind aufgeschnittene Sternfrüchte.

Ananassorbet
mit Ananas-Chips

Grüße aus dem sonnigen Süden: Die Königin der Tropenfrüchte kommt hier im Doppelpack als kühles Sorbet mit knusprigen Chips auf den Tisch

Zutaten

300 g Zucker

1 große reife Ananas (ca. 1 1/2 kg)

1 EL Amaretto (ital. Mandellikör)

Saft von 1 Zitrone

Puderzucker zum Bestäuben

Zubereitung

FÜR 2–3 PERSONEN

1 Am Vortag 200 g Zucker mit 200 ml Wasser in einem Topf sirupartig einkochen und abkühlen lassen. Die Ananas putzen, schälen und aus der Mitte mit einem großen Messer 6 oder 9 etwa 1 cm dicke Scheiben herausschneiden, den Strunk in der Mitte entfernen. Die Ananasscheiben im Zuckersirup zugedeckt über Nacht durchziehen lassen.

2 Am nächsten Tag von der restlichen Ananas den Strunk entfernen und das Fruchtfleisch in kleine Würfel schneiden. Mit dem übrigen Zucker, dem Amaretto und dem Zitronensaft mischen und mit dem Stabmixer pürieren.

3 Die Ananasmasse in eine flache Metallschüssel füllen und mindestens 4 Stunden im Tiefkühlfach gefrieren lassen. Zwischendurch öfter herausnehmen und mit einer Gabel durchrühren, damit das Sorbet schön locker wird.

4 Den Backofen auf 130 °C vorheizen. Die eingelegten Ananasscheiben gut abtropfen lassen, auf Backpapier legen und im Backofen auf dem Ofengitter etwa 1 1/2 Stunden trocknen. Herausnehmen, auf dem Kuchengitter abkühlen lassen.

5 Zum Servieren je 2 bis 3 Ananas-Chips abwechselnd mit etwas Sorbet zu Türmchen schichten und mit Puderzucker bestäuben. Nach Belieben mit Minze garniert servieren.

Tipp

Reife Ananas erkennt man daran, dass sich die Blätter leicht auszupfen lassen. Das Fruchtfleisch sollte von intensiv gelber Farbe sein, aromatisch duften und auf Fingerdruck leicht nachgeben.

Zweierlei Pudding
mit Kakao und Vanille

Zutaten

Für den Schokoladenpudding:

2 Eier · Salz

4 EL Speisestärke

50 g Zucker

4 EL Kakaopulver

1/2 l Milch

Für den Vanillepudding:

1 Vanilleschote

1 Ei · Salz

2 EL Speisestärke

25 g Zucker

1/4 l Milch

Zubereitung

FÜR 4 PERSONEN

1. Für den Schokoladenpudding Eier trennen. Eiweiße mit 1 Prise Salz steif schlagen, Eigelbe verquirlen. Speisestärke mit Zucker, Kakao und 6 EL Milch glatt rühren. Restliche Milch mit 1 Prise Salz aufkochen und vom Herd nehmen. Speisestärke in die Milch rühren, nochmals erhitzen und unter ständigem Rühren aufkochen lassen. Wieder vom Herd nehmen und gründlich mit Eigelben verrühren. Eischnee unterheben.

2. Für den Vanillepudding die Vanilleschote aufschneiden und Mark herauskratzen. Ei trennen. Eiweiß mit 1 Prise Salz steif schlagen, Eigelb verquirlen. Speisestärke mit Zucker und 3 EL Milch glatt rühren. Restliche Milch mit 1 Prise Salz, Vanilleschote und -mark aufkochen. Vom Herd nehmen und die Vanilleschote entfernen. Speisestärke unterrühren, Vanillemilch nochmals unter ständigem Rühren aufkochen lassen. Wieder vom Herd nehmen und gründlich mit dem Eigelb verrühren. Eischnee unterheben.

3. Den Schokopudding und den Vanillepudding abwechselnd in hohe Dessertgläser schichten. Etwas abkühlen lassen und nach Belieben mit weißen Schokoraspeln garniert servieren.

Milchreistürmchen

mit Rhabarber und Erdbeeren

Zutaten

1 EL Butter

300 g Milchreis

800 ml Milch

Salz

500 g Rhabarber

3–4 EL Zucker

100 g Sahne

250 g Erdbeeren

2–3 EL Honig

1 EL Zitronensaft

2–3 Stiele Minze

Zubereitung

FÜR 4 PERSONEN

1 Die Butter in einem Topf erhitzen und den Milchreis darin unter Rühren glasig dünsten. Die Milch und 1 Prise Salz dazugeben und den Reis einmal aufkochen lassen. Bei schwacher Hitze etwa 20 Minuten köcheln lassen, dabei gelegentlich umrühren.

2 Den Rhabarber putzen, schälen und in etwa 3 cm lange Stücke schneiden. Nach etwa 15 Minuten Kochzeit mit dem Zucker zum Milchreis geben. Nun nicht mehr umrühren und nach Ende der Garzeit noch 5 Minuten ziehen lassen.

3 Die Sahne steif schlagen und unterziehen. Den Milchreis auf vier Gläser oder Timbaleförmchen verteilen und 1 bis 2 Stunden kühl stellen.

4 Die Erdbeeren waschen, putzen und halbieren. Zusammen mit dem Honig und dem Zitronensaft mit dem Stabmixer zu einer Sauce pürieren. Die Minze waschen, trocken schütteln und die Blätter abzupfen.

5 Den Milchreis in den Förmchen kurz in heißes Wasser tauchen und auf Dessertteller stürzen. Mit der Erdbeersauce anrichten und mit den Minzeblättern garniert servieren.

Quarksoufflé
mit Aprikosen

Da lohnt sich das Warten: Diese kleinen Türme werden zu wahren Gipfelstürmern, wenn man sie ganz in Ruhe und ungestört garen lässt

Zutaten

Für die Aprikosen:
300 g Aprikosen
50 g Zucker
50 ml weißer Portwein
Saft von 1 Zitrone

Für das Soufflé:
Butter und Zucker für die Formen
180 g Speisequark
3 Eigelb
je 1/2 TL abgeriebene unbehandelte Zitronen- und Orangenschale
4 Eiweiß
70 g Zucker

Für die Sauce:
100 ml Milch
100 g Sahne
150 g Nougatmasse

Zubereitung

FÜR 6 PERSONEN

1 Die Aprikosen waschen, halbieren und den Stein entfernen. Den Zucker in einer beschichteten Pfanne goldbraun karamellisieren und mit Portwein und Zitronensaft ablöschen. Den Karamellfond mit den Aprikosen mischen und in einem Topf bei schwacher Hitze 4 Minuten dünsten.

2 Für das Soufflé in einem großen Topf Wasser zum Kochen bringen. Sechs hohe Souffléförmchen mit kalter Butter einfetten und mit Zucker ausstreuen, anschließend kühl stellen.

3 Quark, Eigelbe, Zitronen- und Orangenschale in einer Schüssel mit dem Schneebesen gut verrühren. Die Eiweiße zu einem festen Schnee schlagen, dabei nach und nach den Zucker einrieseln lassen. Den Eischnee vorsichtig unter die Quarkmasse heben. Die Förmchen etwa zu zwei Dritteln mit der Soufflémasse füllen.

4 Die Förmchen nebeneinander in einen passenden Siebeinsatz setzen und in den Topf hängen. Die Soufflés mit aufgelegtem Topfdeckel 25 Minuten dämpfen, den Deckel während der gesamten Garzeit nicht abnehmen.

5 Für die Sauce die Milch und die Sahne in einem Topf erhitzen. Die Nougatmasse klein schneiden und unter Rühren in der heißen Sahnemilch schmelzen, dann abkühlen lassen.

6 Zum Servieren die Soufflés mit einem spitzen Messer vorsichtig vom Förmchenrand lösen, auf Dessertteller stürzen und mit den Aprikosen und der Pralinensauce anrichten.

Erdbeercreme
mit Rhabarberkompott

Früchtchen mit freudiger Botschaft: Wenn es wieder süße Erdbeeren und säuerlichen Rhabarber gibt, steht der Sommer endlich vor der Tür

Zutaten

Für das Kompott:
2 Vanilleschoten
300 g Rhabarber
je 1/8 l trockener Weißwein und Apfelsaft
150 g Zucker
1 Zimtstange
1 Sternanis

Für die Creme:
200 g Erdbeeren
4 Blatt weiße Gelatine
je 200 g Sahne und Speisequark
4 EL Zitronensaft
2 TL abgeriebene unbehandelte Zitronenschale
50 g Zucker
4 Biskuitplätzchen (Fertigprodukt)

Zubereitung

FÜR 4 PERSONEN

1 Für das Kompott die Vanilleschoten der Länge nach aufschneiden und das Mark herauskratzen. Den Rhabarber putzen, schälen und schräg in 4 cm große Stücke schneiden. Die Rhabarberschalen mit Wein, Apfelsaft, Zucker, Zimt, Sternanis, den Vanilleschoten und der Hälfte des Vanillemarks in einem Topf bei schwacher Hitze etwa 30 Minuten köcheln lassen.

2 Die Rhabarbersauce durch ein Sieb in einen zweiten Topf gießen. Die Rhabarberstücke dazugeben und das Kompott zugedeckt bei schwacher Hitze einige Minuten garen, bis der Rhabarber weich ist, aber nicht zerfällt.

3 Für die Creme die Erdbeeren waschen und putzen, einige schöne Exemplare für die Deko beiseitelegen, den Rest klein schneiden und mit dem Stabmixer fein pürieren. Die Gelatine in kaltem Wasser einweichen. Die Sahne steif schlagen und mit dem Erdbeerpüree und dem Quark verrühren.

4 Den Zitronensaft und die -schale mit dem Zucker und dem restlichen Vanillemark in einem kleinen Topf aufkochen lassen, bis sich der Zucker aufgelöst hat. Die Gelatine gut ausdrücken und im heißen Zitronensud auflösen. Von der Erdbeercreme 2 bis 3 EL abnehmen und mit der Zitronengelatine verrühren. Anschließend mit der restlichen Erdbeercreme gut mischen. Die Creme auf vier kleine Förmchen verteilen und zugedeckt 3 bis 4 Stunden kühl stellen.

5 Zum Servieren die Förmchen kurz in heißes Wasser tauchen, die Creme mit einem spitzen Messer vorsichtig vom Rand lösen, auf Dessertteller stürzen und mit dem Rhabarberkompott anrichten. Die beiseitegelegten Erdbeeren längs vierteln oder achteln und mit den Biskuits auf der Erdbeercreme anrichten. Nach Belieben mit Puderzucker bestäuben.

Crème Caramel
mit Ingwer und Limette

Gegensätze ziehen sich an: Eine süße Crème Caramel hat in spritzigen Zitrusfrüchten die idealen Begleiter gefunden

Zutaten

Für die Creme:

Butter für die Formen

140 g Zucker

4 EL Limettensaft

1 EL geriebener Ingwer

100 ml Milch

300 g Sahne

4 Eier

2 Eigelb

Für die Limetten:

1 1/2 unbehandelte Limetten

50 g Rohrzucker

Zubereitung

FÜR 6 PERSONEN

1 Am Vortag für die Creme sechs kleine ofenfeste Förmchen oder Tassen einfetten. In einem Topf 80 g Zucker hellbraun karamellisieren. Den Limettensaft und den Ingwer unterrühren, den Zuckersirup sofort auf die Tassen oder Förmchen verteilen und darin abkühlen lassen.

2 Den Backofen auf 140 °C vorheizen. Die Milch, die Sahne und den restlichen Zucker in einem Topf aufkochen und kurz köcheln lassen. Die heiße, aber nicht mehr kochende Flüssigkeit mit den Eiern und den Eigelben verrühren und auf die Förmchen mit dem Karamell verteilen.

3 Die Förmchen in ein tiefes Backblech stellen. So viel heißes Wasser angießen, dass die Förmchen zu etwa zwei Dritteln darin stehen. Die Creme im Backofen auf der mittleren Schiene 50 Minuten stocken lassen. Herausnehmen und über Nacht kühl stellen.

4 Am nächsten Tag für die Limetten die Früchte heiß waschen, trocken reiben und in Spalten schneiden. Mit den Schnittseiten in den Rohrzucker tauchen und in einer beschichteten Pfanne bei schwacher Hitze karamellisieren.

5 Zum Servieren die Förmchen in heißes Wasser tauchen, die Creme mit einem spitzen Messer vorsichtig vom Rand lösen und auf Dessertteller stürzen. Die Crème Caramel mit je 1 karamellisierten Limettenspalte anrichten und nach Belieben mit Himbeeren garniert servieren.

Tipp

Die Creme braucht eine relativ lange Ruhezeit von etwa 12 Stunden. Wird sie zu früh aus den Förmchen gelöst, klebt die Karamellschicht unter Umständen noch am Boden fest.

Panna cotta
mit Himbeersauce

Zutaten

1 Vanilleschote

500 g Sahne

3 EL Zucker

3 Blatt weiße Gelatine

200 g Himbeeren

Zubereitung

FÜR 4 PERSONEN

1 Die Vanilleschote der Länge nach aufschneiden und das Mark herauskratzen. Die Sahne mit dem Zucker, der Vanilleschote und dem -mark in einem Topf bei schwacher Hitze aufkochen und etwa 8 Minuten köcheln lassen.

2 Die Gelatine in kaltem Wasser einweichen. Den Topf mit der Vanillesahne vom Herd nehmen und die Vanilleschote daraus entfernen. Die Gelatine gut ausdrücken und unter Rühren in der heißen Vanillesahne auflösen.

3 Die Vanillesahne auf vier kleine Förmchen oder Tassen verteilen und im Kühlschrank zugedeckt 6 Stunden fest werden lassen.

4 Die Himbeeren verlesen, kurz abbrausen und trocken tupfen, einige schöne Exemplare für die Deko beiseitelegen. Den Rest mit dem Stabmixer fein pürieren und durch ein Sieb streichen. Zum Servieren die Förmchen in heißes Wasser tauchen, die Panna cotta mit einem spitzen Messer vorsichtig vom Rand lösen und auf Dessertteller stürzen. Mit der Sauce und den Himbeeren anrichten.

Bayerische Creme

mit marinierten Erdbeeren

Zutaten

4 Blatt weiße Gelatine

1 Vanilleschote

$1/4$ l Milch

1 Eigelb

2 $1/2$ EL Zucker

350 g Erdbeeren

200 g Sahne

Saft von 1 Orange

1 EL Orangenlikör

(z.B. Grand Marnier)

1 EL Orangenzesten

Zubereitung

FÜR 4 PERSONEN

1 Gelatine in kaltem Wasser einweichen. Vanilleschote längs aufschneiden und das Mark herauskratzen. Die Milch mit der Vanilleschote und dem -mark aufkochen. Eigelb und 1 $1/2$ EL Zucker zu einer hellschaumigen Creme aufschlagen. Schote aus der Milch nehmen und die heiße Milch langsam in die Eigelbcreme rühren. Gelatine ausdrücken, unter Rühren in der heißen Eiermilch auflösen und 50 Minuten kühl stellen.

2 Inzwischen die Erdbeeren waschen und putzen, 4 Erdbeeren beiseitelegen, die restlichen Beeren halbieren. Sahne steif schlagen. Vier Timbaleförmchen kalt ausspülen und beiseitestellen. Sobald die Eiermilch zu gelieren beginnt, mit dem Schneebesen glatt rühren. Die Sahne nach und nach unterheben. Die Creme in die Förmchen füllen und je 1 beiseitegelegte Erdbeere tief hineinstecken. Die Bayerische Creme mindestens 2 Stunden kühl stellen.

3 Orangensaft mit restlichem Zucker, Orangenlikör und -zesten verrühren. Erdbeeren mit der Orangenmarinade beträufeln und kurz ziehen lassen. Die Creme aus den Förmchen stürzen und mit den marinierten Beeren servieren.

Zweierlei Schokomousse
mit Zitrusaroma

Immer eine Sünde wert: Wer denkt bei dieser zart schmelzenden Creme aus weißer und dunkler Schokolade schon an Kalorien?

Zutaten

75 g weiße Schokolade
2 EL Öl
je 1 unbehandelte Zitrone und Orange
300 g Sahne
75 g Zartbitterschokolade

Zubereitung

FÜR 4 PERSONEN

1 Die weiße Schokolade in kleine Stücke brechen, mit 1 EL Öl in einer kleinen Metallschüssel im heißen Wasserbad schmelzen und etwas abkühlen lassen.

2 Die Zitrone und die Orange heiß waschen und trocken reiben, jeweils 1 TL Schale fein abreiben. Die Sahne steif schlagen, eine Hälfte in einer Schüssel mit der Zitronenschale, die restliche Sahne mit der Orangenschale verrühren.

3 Die abgekühlte, noch flüssige weiße Schokolade auf die Zitronensahne geben. Die Sahne vorsichtig mit einem Teigschaber unterheben und kühl stellen.

4 Inzwischen die Zartbitterschokolade in kleine Stücke brechen, mit dem restlichen Öl in einer zweiten Metallschüssel im heißen Wasserbad schmelzen und etwas abkühlen lassen.

5 Die abgekühlte, noch flüssige Zartbitterschokolade auf die Orangensahne geben. Die Sahne wieder vorsichtig mit einem Teigschaber unterheben. Die dunkle Mousse auf der weißen verteilen. Mit einer Gabel vorsichtig von unten nach oben durch die Masse ziehen, sodass eine Marmorierung entsteht. Die Mousse 2 Stunden kühl stellen.

6 Aus der Mousse mit einem Esslöffel Nocken abstechen und nach Belieben mit frischen Früchten servieren.

Tipp

Schokolade ist nicht gleich Schokolade. Damit die Mousse richtig verführerisch schmeckt, unbedingt ein Produkt bester Qualität mit mindestens 50% Kakaogehalt verwenden.

Tiramisu
mit Amaretto

»Dolce vita« zum Löffeln: Kein anderes Dessert verkörpert das italienische Lebensgefühl besser als die Schichtspeise mit Kaffee und Likör

Zutaten

Espressopulver
(für 1 Tasse Espresso)
2 EL Amaretto (ital. Mandellikör)
150 g Löffelbiskuits
1 unbehandelte Zitrone
250 g Mascarpone
3 EL Zucker
5 EL Milch
120 g Sahne
1 EL Kakaopulver

Zubereitung

FÜR 4 PERSONEN

1 Den Espresso zubereiten und abkühlen lassen. Den abgekühlten Espresso und den Amaretto mischen. Eine rechteckige Form mit der Hälfte der Löffelbiskuits auslegen und diese mit der Hälfte des Espresso-Mix beträufeln.

2 Die Zitrone heiß waschen, trocken reiben und 1 TL Schale sehr fein abreiben. Den Mascarpone und den Zucker in einer Schüssel verrühren. Nach und nach die Milch unterrühren, dann die abgeriebene Zitronenschale hinzufügen. Die Sahne steif schlagen und unter die Creme heben.

3 Die Hälfte der Mascarponecreme auf den Löffelbiskuits in der Form verteilen. Die restlichen Biskuits nebeneinander auf die Creme legen und den restlichen Espresso-Mix darüberträufeln. Die übrige Mascarponecreme darauf verteilen und glatt streichen. Das Tiramisu zugedeckt etwa 4 Stunden kühl stellen.

4 Das Tiramisu kurz vor dem Servieren durch ein feines Sieb mit Kakaopulver bestäuben.

Tipp

Wem das Tiramisu so zu »mächtig« ist, verwendet nur 125 g Mascarpone und rührt ihn mit 125 g Naturjoghurt glatt. Vorsicht: Mascarpone gerinnt beim Kontakt mit zu viel Säure!

Apfelkücherl
mit Aprikosenkonfitüre

Zutaten

200 g Aprikosenkonfitüre

2 EL brauner Rum

3 säuerliche Äpfel (z. B. Boskop)

1–2 TL Zitronensaft

125 g Mehl

1 Ei

1/8 l helles Bier

1 EL weiche Butter

Salz

1 1/2 l Öl zum Ausbacken

Zucker zum Wälzen und Bestreuen

Zubereitung

FÜR 4 PERSONEN

1 Die Aprikosenkonfitüre mit 1 EL Rum verrühren. Die Äpfel schälen und mit einem Apfelausstecher die Kerngehäuse entfernen. Das Fruchtfleisch quer in etwa 1 cm dicke Ringe schneiden und sofort mit dem Zitronensaft und dem restlichen Rum beträufeln.

2 Das Mehl in einer Schüssel mit dem Ei glatt rühren. Dann das Bier, die Butter und 1 Prise Salz unterrühren.

3 Das Öl in einem weiten Topf oder einer tiefen Pfanne erhitzen (es ist heiß genug, wenn an einem hineingehaltenen Holzlöffel kleine Bläschen aufsteigen).

4 Die Apfelringe in Zucker wälzen, mit einer Gabel in den Bierteig tauchen und im Öl etwa 1 Minute backen. Die Ringe wenden und die zweite Seite ebenfalls etwa 1 Minute knusprig und goldbraun backen. Die Apfelkücherl auf Küchenpapier abtropfen lassen, mit Zucker bestreuen und mit Aprikosenkonfitüre servieren.

Buttermilchpfannkuchen

mit Heidelbeeren und Sirup

Zutaten

4 EL Butter
1 Vanilleschote
2 Eier
1 Eigelb
30 g Puderzucker
200 g Buttermilch
1/2 TL Natron
150 g Mehl
2 TL Backpulver
200 g Heidelbeeren
Ahornsirup zum Beträufeln
Puderzucker zum Bestäuben

Zubereitung

FÜR 4 PERSONEN

1 Für den Teig die Hälfte der Butter in einer Pfanne zerlassen und abkühlen lassen. Die Vanilleschote der Länge nach aufschneiden und das Mark herauskratzen.

2 Die Eier und das Eigelb mit dem Puderzucker und dem Vanillemark in einer Schüssel verrühren. Die Buttermilch, das Natron, die zerlassene Butter, das Mehl und das Backpulver dazugeben und alles mit dem Schneebesen zu einem glatten Teig verrühren. Den Backofen auf 75 °C vorheizen.

3 Etwas Butter in einer Pfanne erhitzen, ein paar Teigkleckse hineingeben, rund verstreichen und bei schwacher Hitze etwa 12 Minuten goldbraun backen. Die Pfannkuchen wenden und weitere 5 Minuten garen. So weiterverfahren, bis der Teig aufgebraucht ist. Fertige Pfannkuchen im Backofen warm halten.

4 Die Heidelbeeren in einem Sieb abbrausen und trocken tupfen. Die Pfannkuchen auf Tellern anrichten. Mit Ahornsirup beträufeln, mit den Heidelbeeren garnieren und mit Puderzucker bestäuben. Sofort servieren.

Crêpes
mit Calvados-Äpfeln

Beschwipste Früchte, fein gebettet: Der berühmte französische Apfelbrand verleiht den saftigen Äpfeln das besondere Etwas

Zutaten

Für die Crêpes:

75 g Mehl · Salz

1/2 TL Zucker

200 ml Milch · 1 Ei

1/2 TL abgeriebene unbehandelte Zitronenschale

3–4 EL zerlassene Butter

Für die Calvados-Äpfel:

2 Äpfel (ca. 250 g)

1 EL Butter

3 EL Zitronensaft

2 EL Calvados (franz. Apfelbrand)

1 EL Zucker

Außerdem:

Puderzucker zum Bestäuben

Zubereitung

FÜR 4 PERSONEN

1 Für die Crêpes das Mehl mit 1 Prise Salz und dem Zucker in einer Schüssel mischen. Die Milch und das Ei in einer zweiten Schüssel verrühren. Die Eiermilch langsam in die Mehlmischung rühren. Die Zitronenschale und 2 EL zerlassene Butter unterrühren und den Teig 15 Minuten quellen lassen. Den Backofen auf 75 °C vorheizen.

2 Für jede Crêpe eine Pfanne dünn mit Butter fetten und 1 kleine Schöpfkelle Teig hineingeben. Die Pfanne sofort schwenken, damit sich der Teig verteilt. Die Crêpes jeweils 2 Minuten backen. Dabei mit einer Palette oder einem gekonnten Schwung die Crêpes einmal wenden. Die Crêpes auf einem Teller im Backofen warm halten, bis der gesamte Teig aufgebraucht ist.

3 Für die Calvados-Äpfel die Äpfel waschen, vierteln und die Kerngehäuse entfernen. Die Apfelviertel in dünne Spalten schneiden. Die Butter in einer Pfanne erhitzen, die Apfelspalten darin mit Zitronensaft, Calvados und Zucker bei schwacher Hitze etwa 2 Minuten bissfest garen.

4 Die warmen Crêpes mit den Calvados-Äpfeln füllen, über der Füllung zusammenfalten und mit Puderzucker bestäuben.

Tipp

Das A und O beim Crêpesbacken ist das Schwenken der Pfanne – nur so kann sich der Teig gleichmäßig hauchdünn verteilen. Statt mit Calvados kann man die Äpfel auch mit Apfelsaft zubereiten.

Aprikosenknödel

mit Brösel und Kompott

Süßer Hüttenzauber: Nach einem Tag an der frischen Bergluft gibt es nichts Schöneres als saftige Knödel mit reichlich Kompott

Zutaten

1 kg kleine Aprikosen

12 Stück Würfelzucker

1 kg mehlig kochende Kartoffeln (gegart; vom Vortag)

75 g Mehl

75 g Hartweizengrieß

1 Ei · Salz · Muskatnuss

Mehl für die Arbeitsfläche

60 g Butter

Zucker

Zimtpulver

2 cl Aprikosenlikör

100 ml Apfelsaft

100 g Weißbrotbrösel

Zimtzucker zum Bestreuen

Zubereitung

FÜR 4 PERSONEN

1 Die Aprikosen waschen und trocken tupfen. 12 Aprikosen halb aufschneiden, den Stein entfernen und in jede Aprikose statt des Steins ein Stück Würfelzucker geben. Die restlichen Aprikosen vierteln und den Stein entfernen. Die Aprikosenviertel beiseitestellen.

2 Die Kartoffeln pellen und durch die Kartoffelpresse in eine Schüssel drücken. Mit dem Mehl, dem Grieß, dem Ei und je 1 Prise Salz und Muskatnuss zu einem glatten Teig verkneten. Den Kartoffelteig auf der bemehlten Arbeitsfläche zu einer Rolle formen und in 12 gleich große Scheiben schneiden.

3 Jede Teigscheibe etwas flach drücken, in die Mitte 1 Aprikose mit Würfelzucker geben und mit Teig umhüllen. Mit angefeuchteten Händen zu glatten Knödeln drehen. Die Knödel in einen Topf mit leicht gesalzenem, kochendem Wasser geben und bei schwacher Hitze etwa 20 Minuten garen.

4 In einer beschichteten Pfanne 1 EL Butter erhitzen und die Aprikosenviertel darin andünsten. Mit etwas Zucker und Zimt würzen, dann mit Aprikosenlikör und Apfelsaft ablöschen und das Kompott etwa 3 Minuten köcheln lassen. Vom Herd nehmen und lauwarm abkühlen lassen.

5 Die restliche Butter in einer beschichteten Pfanne zerlassen, die Weißbrotbrösel hinzufügen und unter Rühren goldbraun rösten. Die fertigen Aprikosenknödel mit dem Schaumlöffel aus dem Topf heben, abtropfen lassen und in den Butterbröseln wenden. Auf vorgewärmten Tellern mit dem Aprikosenkompott anrichten und mit Zimtzucker bestreut servieren.

Scheiteraufen

mit Zimt und Zucker

Aus Alt wird Neu: Apfelscheiben und Hefezopf in Rum-Eier-Milch schmecken immer noch so herrlich wie zu Großmutters Zeiten

Zutaten

Für die Eiermilch:

1/4 l Milch · 250 g Sahne

6 Eier · 70 g Zucker

2 EL brauner Rum

Mark von 1/2 Vanilleschote

1 TL abgeriebene unbehandelte Zitronenschale

Für den Scheiterhaufen:

300 g Hefezopf (vom Vortag)

140 g Butter

700 g Äpfel

2 EL Zimtzucker

2 EL Zitronensaft

4 EL Rumrosinen

Außerdem:

Butter für die Formen

Zubereitung

FÜR 4–6 PERSONEN

1 Für die Eiermilch alle Zutaten in einen großen, hohen Rührbecher geben, mit dem Stabmixer verrühren und durch ein feines Sieb gießen.

2 Für den Scheiterhaufen den Hefezopf in 1/2 cm dicke Scheiben schneiden. 110 g Butter portionsweise in einer Pfanne erhitzen und die Hefezopfscheiben darin nacheinander bei schwacher Hitze auf beiden Seiten goldbraun braten, dabei die Pfanne immer wieder mit Küchenpapier trocken tupfen.

3 Die Äpfel schälen und mit einem Apfelausstecher die Kerngehäuse entfernen. Die Äpfel in 1/2 cm dicke Scheiben schneiden. Die restliche Butter in einer Pfanne erhitzen und die Apfelscheiben darin mit Zimtzucker und Zitronensaft bei schwacher Hitze auf beiden Seiten 2 bis 3 Minuten braten.

4 Den Backofen auf 170 °C vorheizen. Die Hefezopfscheiben mit den Apfelscheiben und den Rumrosinen abwechselnd in gefettete ofenfeste Tassen oder Gläser schichten, dabei mit den Zopfscheiben beginnen und abschließen. Den Hefezopf, falls nötig, in passende Stücke brechen. Zwischendurch immer wieder etwas Eiermilch dazugießen.

5 Den Scheiterhaufen im Backofen auf der mittleren Schiene etwa 1 Stunde backen. Herausnehmen und etwas abkühlen lassen. Den Scheiterhaufen in den Tassen servieren und nach Belieben gebratene Apfelringe dazu reichen.

Tipp

Sie können den Scheiterhaufen auch in eine eingefettete und mit Backpapier ausgelegte Kastenform schichten. Nach dem Backen aus der Form stürzen, in Scheiben schneiden und mit Vanillesauce servieren.

Vanilleäpfel
in Blätterteig

Zutaten

2 Platten Tiefkühl-
Blätterteig (150 g)
3 Vanilleschoten
500 g Zucker
4 säuerliche Äpfel
(à ca. 150 g; z.B. Boskop)
Mehl für die Arbeitsfläche
1 verquirltes Ei

Zubereitung

FÜR 4 PERSONEN

1 Blätterteigplatten auf der Arbeitsfläche nebeneinander auftauen lassen. Die Vanilleschoten der Länge nach aufschneiden und in einem Topf mit dem Zucker und 1/2 l Wasser aufkochen.

2 Die Äpfel schälen und mit einem Apfelausstecher die Kerngehäuse entfernen. Die Äpfel in den Vanillesirup setzen und bei schwacher Hitze 10 Minuten garen, abkühlen lassen.

3 Den Backofen auf 180 °C vorheizen. Ein Backblech mit Backpapier auslegen.

4 Die Teigplatten halbieren und auf der leicht bemehlten Arbeitsfläche mit dem Nudelholz zu Quadraten à 15 x 15 cm ausrollen. Jeweils 1 Apfel in die Mitte setzen. Den Blätterteig wie einen Beutel um den Apfel legen und oben verschließen. Den Teig mit dem Ei bestreichen.

5 Die Äpfel auf das Blech setzen und im Backofen auf der mittleren Schiene etwa 35 Minuten goldbraun backen. Die Vanilleäpfel herausnehmen und nach Belieben mit Rosmarinzweigen und kleinen Beerenzweigen garniert und mit Puderzucker bestäubt servieren.

Erdbeerauflauf
mit Butterstreuseln

Zutaten

150 g Mehl
50 g Zucker
150 g Butter
700 g Erdbeeren
50 g Puderzucker
Saft von 1/2 Zitrone
Butter für die Formen
Puderzucker zum Bestäuben

Zubereitung

FÜR 4 PERSONEN

1 Für die Streusel das Mehl, den Zucker und die Butter in einer Schüssel mit den Fingern zu Streuseln verkneten.

2 Erdbeeren waschen, putzen und trocken tupfen, große Früchte halbieren. In einer Schüssel mit dem Puderzucker bestäuben und den Zitronensaft darüberträufeln. Vorsichtig mischen und die Beeren etwas marinieren lassen.

3 Backofen auf 180 °C vorheizen. Vier ofenfeste Portions- oder Tarteletteförmchen einfetten.

4 Die marinierten Erdbeeren auf die Förmchen verteilen, die Butterstreusel darübergeben und den Auflauf im Backofen auf der mittleren Schiene etwa 20 Minuten überbacken. Den Erdbeerauflauf mit Puderzucker bestäubt servieren.

Tartelettes
mit Kirschen und Vanille

Einfach und doch raffiniert: Auch wenn das Menü noch so gut ist, wird so mancher dieses süße Ende kaum erwarten können

Zutaten

500 g dunkle Herzkirschen
2 cl Kirschwasser
Butter für die Formen
1 Vanilleschote
4 Eier
1 EL Puderzucker
Salz
1/8 l Milch
60 g Mehl

Zubereitung

FÜR 4 PERSONEN

1 Die Kirschen verlesen, waschen, trocken tupfen und den Stein entfernen. Die Früchte in einer Schüssel mit dem Kirschwasser beträufeln und zugedeckt etwa 15 Minuten marinieren lassen. Den Backofen auf 220 °C vorheizen.

2 Vier Tarteletteformen einfetten und die marinierten Kirschen darin verteilen. Die Vanilleschote der Länge nach aufschneiden und das Mark herauskratzen. Die Eier in einer Schüssel mit dem Puderzucker, dem Vanillemark und 1 Prise Salz schaumig schlagen. Die Milch unterrühren. Das Mehl über die Eiermilch sieben und unterheben.

3 Den Teig in die Förmchen mit den Kirschen gießen und die Tartelettes im Backofen auf der mittleren Schiene 30 bis 35 Minuten backen. Die Tartelettes aus dem Backofen nehmen und vor dem Servieren nur kurz abkühlen lassen.

Tipp

Wenn Kinder mitessen, können Sie einfach auf das Marinieren der Kirschen verzichten. Wer mag, kann die Tartelettes mit goldbraun gerösteten Mandelblättchen oder Kokosraspeln bestreuen.

Windbeutel
mit Sahnefüllung

Lockere Fülle in knusprig zarter Hülle: Windbeutel sind fast nur ein Hauch von Gebäck, das rasch vernascht werden möchte

Zutaten

Für den Brandteig:

1/8 l Milch

Salz · Zucker

75 g Butter

150 g Mehl

4 Eier

2–3 EL Hagelzucker

Für die Füllung:

500 g Sahne

2 Päckchen Vanillezucker

Zubereitung

FÜR CA. 12 STÜCK

1 Für den Brandteig die Milch mit 1/8 l Wasser, je 1 Prise Salz und Zucker und der Butter in einem Topf aufkochen lassen. Das Mehl nach und nach dazugeben und mit dem Kochlöffel so lange rühren, bis sich der Teig als Kloß vom Topfboden löst und ein weißer Belag am Boden entsteht. Den Backofen auf 200 °C vorheizen.

2 Den Teig in eine Schüssel geben und 1 Ei unterrühren. Das nächste Ei unterrühren, sobald der Teig wieder glatt und geschmeidig ist. So fortfahren, bis alle Eier verbraucht sind. Der Teig ist fertig, wenn er glänzt und schwer reißend vom Löffel fällt.

3 Ein Backblech mit Backpapier auslegen und mit 1 EL Hagelzucker bestreuen. Den Teig in einen Spritzbeutel mit Sterntülle füllen und tischtennisballgroße Rosetten auf das Blech spritzen. Die obere Hälfte der Windbeutel vor dem Backen mit dem restlichen Hagelzucker bestreuen.

4 Die Windbeutel im Backofen auf der mittleren Schiene etwa 30 Minuten goldbraun backen, herausnehmen und abkühlen lassen. Mit einem scharfen Messer quer halbieren.

5 Für die Füllung die Sahne mit dem Vanillezucker sehr steif schlagen und in einen Spritzbeutel mit Sterntülle füllen. Die Windbeutel üppig mit Sahne füllen und sofort servieren.

Tipp

Sie können den Hagelzucker auch weglassen und die Windbeutel mit Puderzucker bestäuben. Die Sahne kann mit klein geschnittenem oder püriertem Obst wie Erdbeeren oder Mandarinen verfeinert werden.

Streuselkuchen
mit Vanillequark

Zutaten

Für den Streuselteig:

250 g weiche Butter

200 g Zucker

1 Päckchen Vanillezucker

1 Ei · Salz

500 g Mehl

1 Päckchen Backpulver

Für den Belag:

1 kg Speisequark

1 Päckchen Vanille-saucenpulver

1 Ei · 200 g Zucker

100 g Rosinen

Außerdem:

Butter für das Blech

Zubereitung

FÜR 1 BACKBLECH

1 Für den Streuselteig die Butter mit Zucker, Vanillezucker, Ei und 1 Prise Salz in einer Schüssel verrühren, bis sich der Zucker vollständig aufgelöst hat.

2 Das Mehl mit dem Backpulver mischen, die Hälfte davon auf die Buttermasse sieben und unterrühren. Das restliche Mehl ebenfalls auf den Teig sieben und mit den Händen oder den Knethaken des Handrührgeräts unterkneten, sodass ein krümeliger Teig entsteht. Den Streuselteig halbieren.

3 Den Backofen auf 160 °C vorheizen. Ein tiefes Backblech einfetten. Eine Hälfte des Streuselteigs auf dem Blech verteilen und mit den Händen glatt drücken oder ausrollen, dabei einen halbhohen Rand formen.

4 Für den Belag den Quark mit Vanillesaucenpulver, Ei und Zucker in einer Schüssel zu einer glatten Masse verrühren, Rosinen unterheben. Die Quark-Rosinen-Masse auf dem Teig verteilen und glatt streichen. Die restlichen Teigkrümel als Streusel auf dem Vanillequark verteilen und den Kuchen im Backofen auf der mittleren Schiene 50 bis 60 Minuten goldbraun backen.

Käsekuchen mit Kirschen

Zutaten

Für den Mürbeteig:
150 g Mehl · ½ TL Backpulver
1 kleine Msp. Salz · 75 g Zucker
1 Päckchen Vanillezucker
1 Ei · 75 g weiche Butter
Mehl für die Arbeitsfläche · Butter für die Form · getrocknete Hülsenfrüchte zum Blindbacken

Für den Belag:
3 Eier · 200 g Sahne
250 g Sauerkirschen (ohne Stein; aus dem Glas)
750 g Speisequark · 150 g Zucker
Saft von 1 Zitrone · 50 g Speisestärke · 3–4 EL Kokosspäne

Zubereitung

FÜR 1 SPRINGFORM (28 cm Ø)

1 Backofen auf 200 °C vorheizen. Für den Mürbeteig alle Zutaten verrühren und auf der bemehlten Arbeitsfläche mit kalten Händen zu einem glatten Teig verkneten. Ausrollen und die eingefettete Form damit auskleiden, dabei einen Rand formen. Mit Backpapier und Hülsenfrüchten bedecken. Im Ofen etwa 10 Minuten backen.

2 Herausnehmen und die Backofentemperatur auf 170 °C herunterschalten. Für den Belag die Eier trennen, die Eiweiße zu einem festen Schnee schlagen. Die Sahne steif schlagen.

3 Kirschen in ein Sieb abgießen und gut abtropfen lassen. Die Eigelbe mit Quark, Zucker, Zitronensaft und Stärke verrühren. Die Sahne, den Eischnee und die Kirschen unterheben. Backpapier und Hülsenfrüchte entfernen und die Quarkmasse auf dem Teigboden glatt streichen. Kuchen im Ofen etwa 1 Stunde backen, die Backofentür währenddessen nicht öffnen.

4 Die Kokosspäne in einer beschichteten Pfanne ohne Fett anrösten. Den Käsekuchen aus dem Ofen nehmen, etwas abkühlen lassen und die Kokosspäne darüberstreuen oder in den Kuchen stecken. Den Kuchen gut gekühlt servieren.

Erdbeertorte

mit Holunderblütencreme

Die Gartensaison ist eröffnet: Sobald die Erdbeeren reif sind und der Holunder blüht, wird die Kaffeetafel nach draußen verlegt

Zutaten

1/4 l Weißwein
100 g Zucker
Saft von 1/2 Zitrone
Mark von 1/2 Vanilleschote
8 Holunderblütendolden
2 Eier · 50 g Zucker
je 3 EL Mehl und Speisestärke
40 g fein gerebelte Holunderblüten
2 EL zerlassene Butter
5 Blatt weiße Gelatine
100 g saure Sahne
300 g Sahne
500 g Erdbeeren
100 g Erdbeerkonfitüre

Zubereitung

FÜR 1 SPRINGFORM (24 cm Ø)

1 Am Vortag den Wein mit Zucker, Zitronensaft und Vanillemark in einem Topf aufkochen und etwas abkühlen lassen. Die Holunderblüten verlesen, waschen und abtropfen lassen. Im Weinsud zugedeckt über Nacht ziehen lassen.

2 Am nächsten Tag den Backofen auf 180 °C vorheizen. Den Boden einer Springform mit Backpapier auslegen. Für den Biskuit die Eier mit dem Zucker in einer Schüssel im heißen Wasserbad schaumig schlagen. Aus dem Wasserbad nehmen und so lange weiterschlagen, bis die Masse kalt ist. Mehl, Stärke und gerebelte Holunderblüten darübersieben und untermischen. Die zerlassene Butter unterrühren.

3 Die Biskuitmasse in die Springform füllen und glatt streichen. Den Biskuit im Backofen auf der mittleren Schiene etwa 30 Minuten backen. In der Form abkühlen lassen.

4 Die Gelatine in kaltem Wasser einweichen. Den Weinsud durch ein Sieb in einen Topf gießen. Etwas Holunderwein abnehmen und in einem kleinen Topf erhitzen. Die Gelatine gut ausdrücken und darin auflösen. Mit der sauren Sahne unter den restlichen Weinsud rühren und kühl stellen, bis die Holundermasse zu gelieren beginnt.

5 Die Sahne steif schlagen und ein Drittel davon unter die Holunderblütencreme rühren, den Rest vorsichtig unterheben. Die Creme auf dem Biskuitboden in der Springform verteilen und kühl stellen.

6 Die Erdbeeren waschen und putzen, je nach Größe ganz lassen oder halbieren. Die Holundercreme dicht damit belegen. Die Erdbeerkonfitüre mit 2 EL Wasser aufkochen und mit dem Stabmixer fein pürieren, die Erdbeeren damit glasieren. Die Erdbeertorte nach Belieben mit Puderzucker bestäuben.

Schokoküchlein
mit saurer Sahne

Zutaten

Butter und Zucker für die Form
200 g Zartbitterschokolade
100 g Butter
200 ml Milch · 1 Ei
100 g saure Sahne
4 EL Zucker
250 g Mehl
2 TL Speisestärke
1 EL Backpulver
3 EL Kakaopulver · Salz
Puderzucker zum Bestäuben

Zubereitung

FÜR CA. 12 STÜCK

1 Den Backofen auf 180 °C vorheizen. Die Vertiefungen einer Muffinform einfetten und mit Zucker ausstreuen oder Papierförmchen hineinsetzen. Die Schokolade fein hacken. Die Butter in einem Topf zerlassen und die Schokolade darin unter Rühren schmelzen lassen.

2 Die Milch, das Ei, die saure Sahne und den Zucker in einer Schüssel verrühren. Das Mehl mit der Stärke, dem Back- und Kakaopulver sowie 1 Prise Salz in einer zweiten Schüssel gut mischen. Die Schokoladenbutter und die Milchmischung zur Mehlmischung geben und mit einem Kochlöffel nur so lange verrühren, bis alle Zutaten feucht sind.

3 Den Teig maximal drei Viertel hoch in die Vertiefungen der Muffinform füllen und glatt streichen. Die Schokoküchlein im Backofen auf der mittleren Schiene etwa 25 Minuten backen. Herausnehmen und 10 Minuten in der Form ruhen lassen. Die Schokoküchlein aus der Form lösen, abkühlen lassen und mit Puderzucker bestäubt servieren.

Apfelmuffins
mit Zimtpulver

Zutaten

Butter und Mehl für die Form
2 große Äpfel
280 g Mehl
2 TL Zimtpulver
2 TL Backpulver
½ TL Natron
Salz · 1 Ei
110 g Zucker
80 ml Öl
200 g Buttermilch
⅛ l Apfelsaft

Zubereitung

FÜR CA. 12 STÜCK

1 Backofen auf 180 °C vorheizen. Die Vertiefungen einer Muffinform einfetten und mit Mehl bestäuben oder Papierförmchen hineinsetzen.

2 Die Äpfel schälen, vierteln und die Kerngehäuse entfernen. Die Apfelviertel in kleine Stücke schneiden. Das Mehl mit den Äpfeln, dem Zimt, dem Backpulver, dem Natron und 1 Prise Salz in einer Rührschüssel mischen.

3 Das Ei leicht verquirlen, 80 g Zucker, das Öl, die Buttermilch und den Apfelsaft untermischen. Die Masse zur Mehlmischung geben und mit einem Kochlöffel nur so lange verrühren, bis alle Zutaten feucht sind.

4 Den Teig maximal drei Viertel hoch in die Vertiefungen der Muffinform füllen und nach Belieben mit Kokosflocken bestreuen. Die Muffins im Backofen auf der mittleren Schiene etwa 25 Minuten goldbraun backen.

5 Die Muffins aus dem Backofen nehmen, mit dem restlichen Zucker bestreuen und etwa 5 Minuten ruhen lassen. Dann aus der Form lösen und abkühlen lassen.

Marmorkuchen
mit Puderzucker

Oldie but goldie: So wie damals darf natürlich auch heute dieser saftige Rührkuchen bei keinem gemütlichen Kaffeeklatsch fehlen

Zutaten

5 Eier · Salz
250 g weiche Butter
1 Päckchen Vanillezucker
200 g Zucker
500 g Mehl
2 TL Backpulver
350 ml Milch
4 EL Kakaopulver
Butter für die Form
ca. 100 g Puderzucker

Zubereitung

FÜR 1 GUGELHUPFFORM (2 l Inhalt)

1 Die Eier trennen. Die Eiweiße mit 1 Prise Salz steif schlagen. Die Butter, den Vanillezucker und den Zucker mit den Quirlen des Handrührgeräts schaumig schlagen. Die Eigelbe zur Buttermasse geben und so lange weiterschlagen, bis sie hellgelb und cremig ist. Den Backofen auf 180 °C vorheizen.

2 Das Mehl und das Backpulver mischen und nach und nach unter die Eier-Butter-Masse rühren. Etwa 1/4 l Milch dazugeben und alles zu einem geschmeidigen Teig rühren. Zum Schluss den Eischnee unter den Teig heben. Die restliche Milch in einer Schüssel mit dem Kakao verrühren und die Hälfte des Teigs untermischen.

3 Eine Gugelhupfform (oder Bundform) gründlich mit Butter einfetten. Den hellen Teig in die Form geben und mit dem dunklen Teig auffüllen. Für das Marmormuster mit einer Gabel vorsichtig in Kreisbewegungen durch den Teig fahren.

4 Den Marmorkuchen im Backofen auf der untersten Schiene etwa 60 Minuten goldgelb backen. Mit einer Gabel oder einem Stäbchen nach etwa 50 Minuten in den Kuchen stechen: Falls kein Teig mehr kleben bleibt, ist der Marmorkuchen bereits fertig gebacken.

5 Den Marmorkuchen aus der Form stürzen und auf einem Kuchengitter auskühlen lassen. Mit reichlich Puderzucker bestäubt servieren.

Tipp

Den Marmorkuchen kann man auch mit einer Zitronenglasur überziehen. Dafür 200 g Puderzucker mit dem Saft von 1/2 Zitrone glatt rühren und den Kuchen damit gleichmäßig bestreichen.

Klassischer Hefezopf
mit Orangenlikör-Guss

Feines aus Großmutters Backstube: Nicht nur zu Ostern zählen viele das zart-lockere Hefegebäck zu ihren absoluten Lieblingen

Zutaten

Für den Hefeteig:

200 ml Milch

1 Würfel Hefe (42 g)

500 g Mehl

60 g weiche Butter

60 g Zucker

1 Ei (Zimmertemperatur)

Mark von 1/2 Vanilleschote

Mehl zum Verarbeiten

Zum Bestreichen:

1 Eigelb

1–2 TL Sahne

Für den Guss:

je 1 TL Orangenlikör (z. B. Grand Marnier) und Orangensaft

100 g Puderzucker

Mandelblättchen und gemahlene Pistazien zum Bestreuen

Zubereitung

FÜR 1 ZOPF

1 Für den Hefeteig die Milch leicht erwärmen und die zerbröckelte Hefe darin auflösen. Das Mehl auf die Arbeitsfläche geben und eine Mulde hineindrücken. Die Butter und den Zucker auf dem Mehlrand verteilen, das Ei, das Vanillemark und die Hefemilch in die Mulde geben. Alles zu einem glatten, geschmeidigen Teig verkneten.

2 Den Teig in eine bemehlte Schüssel legen und etwas Mehl über den Teig stäuben. Mit einem Küchentuch zudecken und an einem warmen Ort etwa 30 Minuten gehen lassen, bis sich das Teigvolumen verdoppelt hat.

3 Den Hefeteig auf der bemehlten Arbeitsfläche nochmals durchkneten, halbieren und zu Strängen formen. Ein Backblech mit Backpapier auslegen und die beiden Stränge darauf zu einem Zopf flechten. Zugedeckt weitere 30 Minuten gehen lassen.

4 Den Backofen auf 175 °C vorheizen und eine Schale mit Wasser in den Ofen stellen. Das Eigelb mit der Sahne verquirlen und den Zopf damit bestreichen. Den Hefezopf im Backofen auf der mittleren Schiene 30 bis 40 Minuten nicht zu dunkel backen. Den Zopf während der Backzeit 2- bis 3-mal mit der Ei-Sahne-Mischung bestreichen. Das Gebäck sollte nur leicht braun werden, falls nötig, mit Alufolie abdecken.

5 Orangenlikör und -saft mit Puderzucker zu einem dickflüssigen Guss verrühren. Den noch heißen Zopf damit bestreichen und mit Mandelblättchen und Pistazien bestreuen.

Tipp

Sie können den Teig auch in mehreren kleinen Formen backen, z. B. zu Ostern in Hasenförmchen. Besonders saftig wird das Gebäck, wenn Sie noch 2 bis 3 EL Rumrosinen mit unter den Teig mischen.

Rezeptregister

Impressum

1. Auflage 2008
ISBN 978-3-89883-216-8

Grafische Gestaltung: Georg Feigl
Rezepte: ZS-Team
Redaktion: Eva-Maria Hege
Herstellung: Karin Mayer, Peter Karg-Cordes
Lithografie: Christine Rühmer
Druck & Bindung: Mohn media Mohndruck GmbH, Gütersloh

Bildnachweis

Umschlagfotos: StockFood/Foodphotography Eising (Vorderseite oben); StockFood/Susie Eising (Vorderseite unten); StockFood/Susie Eising (Rückseite)

Florian Bolk: 71; Andrea Kramp & Bernd Gölling: 133, 178; Jo Kirchherr: 13 (Mitte); Jana Liebenstein: 275; StockFood/Laura Ashman: 7 (links, 2. von unten); StockFood/Bayside: 271; StockFood/Uwe Bender: 24, 129, 146; StockFood/Harry Bischof: 75, 118, 121, 171; StockFood/Michael Brauner: 6 (rechts), 239; StockFood/Jan Brettschneider: 179; StockFood/Caspar Carlott: 227; StockFood/Crystal Cartier: 9 (links, 2. von unten); StockFood/Jean Cazals: 21, 99; StockFood/Walter Cimbal: 10 (links unten und rechts unten), 11 (oben und Mitte), 12, 13 (oben); StockFood/James Duncan: 25, 35; StockFood/Foodphotography Eising: 7 (rechts), 10 (rechts Mitte), 14–15, 27, 29, 39, 45, 47, 49, 51, 55, 59, 61, 70, 77, 85, 86–87, 102, 107, 111, 131, 145, 149, 155, 161, 173, 189, 193, 194, 199, 210, 223, 225, 235, 252, 253, 257, 259, 269; StockFood/ Susie Eising: 9 (links, 1. von unten), 10 (links oben und rechts oben), 17, 19, 30, 33, 38, 43, 53, 56–57, 63, 65, 69, 73, 81, 83, 90, 91, 93, 95, 96, 97, 101, 103, 105, 113, 115, 117, 123, 125, 142–143, 137, 139, 141, 151, 153, 156–157, 159, 165, 169, 175, 181, 183, 185, 191, 197, 203, 204–205, 207, 209, 213, 215, 221, 255, 232–233, 241, 243, 245, 246, 247, 249, 251, 255, 260; StockFood/S. & P. Eising: 10 (links Mitte), 18, 23, 31, 135, 143, 177, 263; StockFood/Luzia Ellert: 9 (links, 1. von oben), 67, 201, 226, 230, 273; StockFood/food art factory: 134; StockFood/Foodcollection: 9 (rechts), 41, 79, 219, 267; Stock-Food/Jan Garlick: 119; StockFood/Dennis Gottlieb: 238; StockFood/Jean-François Hamon: 8 (rechts); StockFood/Winfried Heinze: 163; StockFood/Alena Hrbková: 48, 261; StockFood/Roland Krieg: 2–3; StockFood/Frédéric Lebain: 217, 270; StockFood/Herbert Lehmann: 9 (links, 2. von oben); StockFood/Nicolas Lemmonier: 7 (links, 2. von oben); StockFood/Louise Lister: 195, 200, 211; StockFood/Barbara Lutterbeck: 109; StockFood/Ngoh Minh & Julian Wass: 7 (links, 1. von unten); StockFood/Kai Newedel: 4–5; StockFood/Picture Box/Luna: 167; StockFood/Antje Plewinski: 34; StockFood/Per Ranung: 263; StockFood/Peter Rees: 162; StockFood/Jörn Rynio: 147; StockFood/Sporrer/Skowronek: 62, 187; StockFood/Maximilian Stock Ltd.: 6 (links), 7 (Mitte), 8 (links); StockFood/Sam Stowell: 89; StockFood/Studio Adna: 9 (Mitte); StockFood/Studio Bonisolli: 108, 130; StockFood/Studio R. Schmitz: 7 (links, 1. von oben); StockFood/Teubner Foodfoto: 168; StockFood/Martina Urban: 186, 266; StockFood/Elisabeth Watt: 37; StockFood/Jan-Peter Westermann: 80; StockFood/Frank Wieder: 231; StockFood/Bernhard Winkelmann: 265; StockFood/Edition Arnold Zabert: 11 (unten)